AF453438

CONSTANTIN PHOTIADÈS

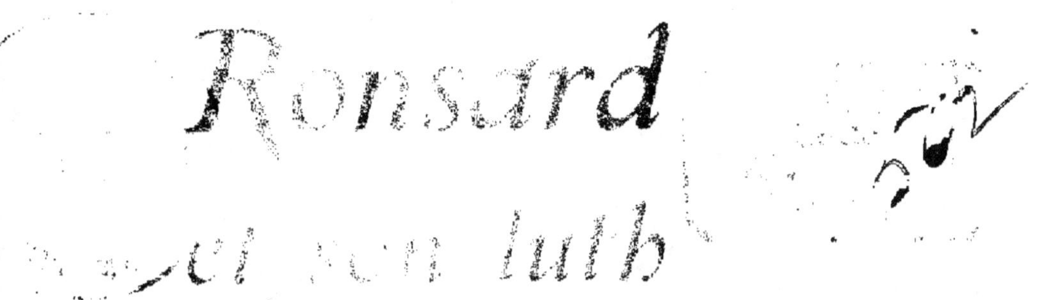

LIBRAIRIE PLON

PLON-NOURRIT ET Cᵉ, ÉDITEURS

8, RUE GARANCIÈRE-6ᵉ

RONSARD ET SON LUTH

CONSTANTIN PHOTIADÈS

RONSARD

ET SON LUTH

PARIS

LIBRAIRIE PLON

PLON-NOURRIT ET Cⁱᵉ, ÉDITEURS

8, RUE GARANCIÈRE-6ᵉ

A

JEAN-LOUIS VAUDOYER

RONSARD ET SON LUTH

Par toy je plays, et par toy je suis leu ;
C'est toy qui fais que Ronsard soit esleu
Harpeur françois, et quand on le rencontre
Qu'avec le doigt par la rue on le monstre…
Si de mon front les estoilles je passe,
Certes, mon luth, cela vient de ta grâce.

Pierre DE RONSARD, *A sa lyre*.

I

LES PRÉLUDES

Dans son enfance campagnarde et seigneuriale, on ne l'éveillait peut-être pas chaque matin, comme le petit Michel de Montaigne, par un prélude doucement accordé de flageolets et de violes. Mais cet engouement passionné pour la musique qui était venu aux gentilshommes d'Anjou, de Touraine et du Vendômois depuis leurs expéditions d'Italie fut cause, sans doute, que Pierre de Ronsard apprit à pincer du luth ou de la *gui-*

1

terre (1) avant de quitter le château de la Possonnière (2) pour le collège de Navarre.

A la cour, en Avignon, où son père l'emmène vers l'âge de onze ans, le jeune Ronsard ne réussirait pas si bien auprès des Valois, princes amoureux de mélodie, s'il ne savait déjà fredonner avec art, en s'accompagnant d'un instrument à cordes, quelque gracieuse chanson de Marot ou de Saint-Gelais.

Qu'enseigne-t-on alors aux adolescents de bonne race? Chez le dauphin François, chez le duc Charles d'Orléans, chez Madeleine de France, dans les cabinets dorés du Louvre, de Saint-Germain, d'Amboise, de Chambord, de Blois ou de Fontainebleau, on leur demande :

De sçavoir chatouiller les oreilles des roys
Par un luth marié aux douceurs de la vois (3).

(1) Un vers de l'ode *A sa lyre* semble autoriser cette hypothèse :

Heureuse lyre! honneur de mon enfance!...

(2) Cf. Paul LAUMONIER, *la Genèse du nom de Ronsard et la vraie orthographe de La Possonnière,* La Flèche, Eugène Besnier, 1903.

(3) *Le Bocage royal,* t. III, p. 355. L'édition citée au

Léger fardeau qu'un luth pour un jouvenceau en voyage! Tout permet de croire que Ronsard n'a point négligé sa « lyre » durant les pérégrinations hasardeuses qu'il accomplit entre sa onzième et sa seizième année, à travers l'Angleterre, la Flandre et la Zélande.

A Linlithgow d'Écosse, au bord des *lochs* couleur d'émeraude où se mirent les manoirs du roi Jacques V, on psalmodie devant lui ces étranges ballades gaéliques, lugubres et guerrières, pleines de combats, d'amours funestes, d'enlèvements tragiques, de vengeances, de parricides et d'expiations sanglantes, tandis que des montagnards, les cuisses nues sous de courts jupons bigarrés, dansent sur la bruyère en jouant de la cornemuse et d'un âpre chalumeau.

Bientôt après, Ronsard accompagne l'ambassadeur Lazare de Baïf en Basse-Alsace. Là, dans la ville impériale de Haguenau, son bon maître, excédé de l'obstination avec laquelle les seigneurs catholiques et protestants prolongent inutile-

cours de cette étude est exclusivement l'édition Prosper Blanchemain, Paris, Jannet, 1857-1867, 8 volumes.

ment leurs palabres, se désennuie en réunissant près d'un poêle de faïence, devant quelques pots de bière, d'excellents humanistes comme Jean Sturm et Nicolas Girbel (1). Tout en buvant force chopines, l'envoyé du roi de France, redevenu pour une couple d'heures le savant traducteur d'*Electre* et d'*Hécube,* commente doctement avec ses visiteurs les anciens poètes lyriques. Autour du vieux logis à encorbellements, hérissé de pignons bizarres, retentissent les chants populaires de la Germanie. Ce sont des rondes enfantines, des chorals soutenus par le bourdonnement des orgues, des couplets d'étudiants, des refrains de lansquenets, les hymnes d'une corporation qui défile en cortège. Quelquefois, au retour du colloque théologico-politique, un chevalier essaye sur sa cithare le *lied* subtilement ingénu qu'il vient de composer à la louange de sa dame. Et l'écuyer Ronsard, attentif à ces rumeurs, les recueille en son esprit. Car les voyages lui ont appris « à pratiquer avec jugement les meurs et

(1) Cf. le beau livre de M. Henri LONGNON, si cher à tous les amis du poète, *Pierre de Ronsard,* Paris, Honoré Champion, 1912, p. 134-135.

façons estrangeres, à observer curieusement les choses plus remarquables et faire son profit de toutes (1). »

Hélas! il contracte là-bas le mal qui va le laisser dur d'oreille jusqu'à sa mort. Mais de cette infirmité, Ronsard a parlé si souvent et si librement qu'on se demande s'il en a beaucoup souffert. Pas une minute, il ne cherche à dissimuler comment :

> Une aspre maladie
> Par ne sçay quel destin me vint boucher l'ouïe,
> Et, dure, m'accabla d'assommement si lourd
> Qu'encores aujourd'huy j'en reste demy-sourd.

Une maîtresse de méchante humeur s'avise-t-elle de lui rappeler :

> Qu'il est un peu sourdaut
> Et que c'est déplaisir en amour parler haut,

le poète contient facilement sa colère. Par un phénomène bien connu des médecins, il inclinerait plutôt à s'enorgueillir de son infirmité, qu'il appelle « la sourdesse bénigne ». Celle-ci, en

(1) Claude BINET, *Discours de la vie de Pierre de Ronsard, gentilhomme vandomois,* Paris, Gabriel Buon, 1586, p. 6.

effet, ne lui est-elle pas commune avec ses deux illustres contemporains, Jean Dorat et Joachim du Bellay ?

Et ceux de nostre temps à qui la Muse insigne
Aspire, vont portant la sourdesse pour signe :
Tesmoin est Du Bellay, comme moi demy-sourd,
Dont l'honneur merité par tout le monde court (1).

Du Bellay, de son côté, écrit l'*Hymne de la Surdité* et se félicite avec une égale bonhomie :

D'estre bon compagnon, d'estre à la bonne foy
Et d'estre, mon Ronsard, demy-sourd comme toy.

Tant pis si les potentats de la terre exigent de leurs courtisans une ouïe fort délicate! De très grandes dames, les Muses immortelles, se montrent plus accommodantes sur cet article. Un sourd, s'il a du génie, reçoit leurs confidences et produit des symphonies sublimes. Aussi est-ce vers elles, les compatissantes, les tutélaires, que Ronsard se retourne quand il se voit exclu de la carrière des armes et des missions diplomatiques.

(1) *Response de Pierre de Ronsard. Discours*, t. VII, p. 103.

*
* *

Dès son jeune âge, leur trouvant plus d'attraits qu'aux vivantes les plus belles, Ronsard a observé les Muses avec la tendresse passionnée d'un amant. Son enthousiasme, lorsqu'il vante le timbre de leur voix, l'éclat de leur teint, le charme de leur sourire, la cadence de leurs pas, la naïve majesté de leurs attitudes, respire la sincérité la plus touchante (1). Sitôt qu'il les a découvertes, au fond de leurs solitudes, il s'est aperçu qu'elles n'étaient pas des abstractions glaciales, des entités sans forme et sans couleur, comme le croit sottement le vulgaire...

Et non seulement les Muses, mais encore, à leur suite, les innombrables demi-dieux de la mythologie classique, vagues et ondoyants génies, fluides, ailés, inaccessibles, fabuleux, dont personne ne sait plus rien aujourd'hui, que de fois le petit Ronsard, couché sous les ramures d'un

(1) « Sur toutes choses, tu auras les Muses en reverence, voire en singuliere vénération. » *Abbregé de l'Art poétique françois*, t. VII, p. 317.

chêne patriarcal, ne les a-t-il pas évoqués pour lui
seul, pour la joie de son propre cœur, sans autres
sortilèges qu'une simple chanson et une ritour-
nelle de luth !

Je n'avais pas douze ans qu'au profond des vallées,
Dans les hautes forests des hommes reculées,
Dans les antres secrets de frayeur tout couverts,
Sans avoir soin de rien, je composois des vers;
Écho me respondoit, et les simples dryades,
Faunes, satyres, pans, napées, oréades,
Egipans qui portoient des cornes sur le front
Et qui, ballant, sautoient comme les chèvres font,
Et le gentil troupeau des fantastiques fées,
Autour de moy dansoient à cottes agrafées. (1).

Enfant méditatif et visionnaire qui balbutie ses
premiers vers en cachette, il aspire avidement à
s'instruire. « Des mon enfance », affirme-t-il,
« j'ay tousjours estimé l'estude des bonnes lettres
l'heureuse félicité de la vie et sans laquelle on
doit desesperer de pouvoir jamais atteindre au
comble du parfait enchantement (2). »

Sans doute, sans doute... Et cependant, en une

(1) T. VII, p. 191.
(2) *Preface mis au devant de la premiere impression des
Odes*, t. II, p. 10.

circonstance mémorable, le charme a failli se rompre : c'était à Paris, au collège de Navarre, quand le sinistre visage du régent de Vailly commença par mettre en fuite les ravissants fantômes des clairières de Gastine. Pauvres Muses pastorales! leur disciple préféré refusait alors de les reconnaître. Il est bien vrai qu'à la grande ville, entre les sombres murs d'une école semblable à une prison, elles n'avaient plus le cœur à danser ni à chanter. Captives, séparées les unes des autres par la tyrannie de quelques pédants, elles languissaient et soupiraient. Défense à la poésie de frayer désormais avec la musique! Et Pierre, à qui ces barbares avaient enlevé son luth, perdait courage. Son humeur s'altérait. N'écoutant plus personne, il se renfermait dans une morne indifférence. A telles enseignes que son père, inquiet d'un tel changement, se résolut enfin à le faire entrer comme page à la Cour.

O bonheur! en sortant de sa geôle, Ronsard retrouve les Muses en liberté. Revenez donc, revenez bien vite, beaux luths rêveurs, chansons fraîches et scintillantes comme les ruisseaux du

printemps, ou bien mélancoliques et sanglotantes
comme les forêts en automne ! Le jeune Vendômois n'est plus seul. Paul Duc (1), un de ses
camarades à l'écurie de Charles d'Orléans, devient
son confident le plus intime. Tout le long du
jour, les deux inséparables s'enivrent avec délices
de stances et de sonnets, d'élégies et d'églogues.
Ronsard admire jusqu'aux hexamètres latins un
peu flasques de son nouveau compagnon : tant il
lui est doux de reconnaître chez ce garçon de son
âge un haut sentiment de l'art, une ferveur inex-
tinguible pour les beaux vers.

Paul Duc vénère ses maîtres latins : Pontanus
et Marulle. Mais à cause de ses origines piémon-
taises, il a un faible pour les écrivains de langue
italienne, Pétrarque, Sannazar, Bembo, Molza,
Navagero, rimeurs savants et gracieux qui inspi-
reront par la suite tant de pièces des *Amours*. Il
ne dédaigne ni les odes métriques de Bernardo
Tasso, ni les hymnes pindariques de Luigi Ala-
manni. Et comment ne suivrait-il pas avec intérêt
les expériences qui se multiplient à Venise comme

____

(1) Ou plutôt, de son vrai nom, Claudio Duchi.

à Rome, à Florence comme à Naples, pour amener un rapprochement entre la mélodie et le langage (1)? Un artiste de génie composera-t-il enfin une musique capable de centupler la vertu expressive des paroles et de les fixer à jamais dans la mémoire des hommes? Abattra-t-il les barricades mystérieuses qui séparent la poésie de la musique? Paul Duc le souhaite de tout son cœur. On peut donc supposer qu'il a feuilleté avec son ami Ronsard, vers ce temps-là, le recueil où le subtil et audacieux éditeur Ottaviano dei Petrucci, inventeur des caractères mobiles pour la typographie de la musique mesurée, réunissait des airs spécialement écrits sur des sonnets et sur des odes (2).

Ronsard se persuade ainsi, sous l'influence de Paul Duc, que les Italiens viennent de ressusciter l'usage de la lyre, et l'idée se présente bientôt à

(1) Charles COMTE et Paul LAUMONIER, *Ronsard et les musiciens au XVIe siècle*, Paris, Armand Colin, 1900.

(2) Des neuf livres de chants populaires italiens que Petrucci a publiés à Venise et Fossombrone, entre 1504 et 1508, le quatrième est intitulé *Strambotti, Ode, Frottole, Sonetti* (1505).

son esprit que la musique a pour mission d'animer les vers et de leur « donner le juste poids de leur gravité (1). »

Néanmoins, ces impressions confuses ne commenceront à se développer que lorsque l'adolescent sera mis enfin hors de page. Et d'ailleurs, même en devenant écuyer, Ronsard, n'aura pas encore le moyen de travailler pour son propre compte. Les exercices d'une éducation de cour, escrime, équitation, voltige, et les divertissements, bals, jeux de paume, tournois, joutes et mascarades, sans parler des voyages où l'emmènent ses patrons, ne lui en laisseront pas le loisir.

Il s'obstine cependant à griffonner des vers. Car un violent appétit de gloire poétique le tourmente, et il est pleinement assuré d'avoir reçu en partage « l'art de bien coucher sa verve par escrit ». Mais son ignorance l'humilie. De quoi lui servent les dons les plus rares? Faute de grec et de latin, le voilà condamné à toujours remâcher le *Roman de la Rose*. Quelle

---

(1) *Preface mis au devant de la premiere impression des Odes*, t. II, p. 13.

tristesse! Une demi-douzaine de poèmes allégoriques ou chevaleresques, Alain Chartier, Jean Le Maire de Belges, et puis encore Marot, Héroët, Scève et Saint-Gelais : il n'a que trop souvent parcouru le cycle monotone de ses faibles modèles.

Ronsard le voit bien. Pour que son luth français acquière le moelleux, la chantante souplesse, la variété de timbres, la magnifique ampleur que tout le monde admire chez les poètes d'Italie, il faudrait retourner sur les bancs de l'école, essayer d'apprendre parmi les humanistes comment veut être jouée la lyre de Pindare et d'Horace. C'est chez les anciens seulement qu'on a chance de pénétrer les arcanes de l'art lyrique (1).

Dès lors, la certitude de son génie autant que la crainte de ce qui menace de le paralyser, le guident et l'orientent. Longtemps retardée, sa vocation ne peut plus être étouffée. Quelle source d'eau vive renoncerait à jaillir? Quelle rose garderait son parfum pour elle seule? Un simple

(1) *Preface mis au devant de la premiere impression des Odes*, t. II, p. 10. « Ne voyant en nos poëtes françois chose qui fust suffisante d'imiter, j'allay voir les estrangers... »

accident de santé ne suffit donc pas à expliquer sa conduite après son retour de Basse-Alsace, au moment où il s'écarte peu à peu des hommes d'armes et des courtisans. La vérité est tout autre. Si Pierre de Ronsard reçoit à dix-huit ans la tonsure; s'il demande désormais aux prébendes et aux bénéfices des ecclésiastiques de lui fournir sa subsistance, c'est qu'il veut se vouer exclusivement au service de la lyre et préparer son intelligence à la visite de l'esprit divin.

En somme, la surdité de Ronsard n'a pas exercé une influence considérable sur sa destinée. Et son biographe Claude Binet ne révèle qu'une sagacité médiocre, quand il s'écrie : « J'appeleray toutefois ce malheur bien-heureux, qui fut cause que Ronsard, qui, pour s'avancer près des grands, par le chemin des courtisans, eust peut-estre perdu son temps inutilement, changea de dessein et reprit les estudes laissées... (1). »

Non, Pierre de Ronsard ne change point de dessein. Ce n'est point le hasard d'une maladie

______

(1) *Discours de la vie de Pierre de Ronsard*, édition déjà citée, p. 7.

qui le ramène aux humanistes, mais la volonté
d'arracher à Pindare et à Horace le secret d'un
luth à la fois poétique et musical dont il désire
être le premier en France à renouveler l'harmo-
nieuse merveille.

« GRADUS AD PARNASSUM »

Son projet bien arrêté, il s'impose un prodigieux travail d'érudition qu'il poursuit jusqu'au bout, pendant cinq ans, avec un acharnement infatigable. Sans hésiter, il s'enferme chez Lazare de Baïf, en cette éloquente maison du faubourg Saint-Victor dont la façade porte en caractères majuscules, sous chaque fenêtre, des inscriptions grecques d'Homère, d'Anacréon et de Pindare ; puis il se transporte au collège de Coqueret. Quel est donc le supérieur de ces deux monastères consacrés aux Muses ? Le philologue limousin Jean Dorat. Et Ronsard se recueille dévotement auprès de cet hiérophante...

Pèche t-il alors par excès d'ambition ? Mais nul d'entre ses contemporains ne songe à le lui reprocher. Ni François de Carnavalet, qui partage désormais sa confiance avec Paul Duc, ni Jean-Antoine de Baïf, bâtard légitimé de son ancien patron l'ambassadeur, ni aucun autre de ses con-disciples.

Et de quoi donc s'ébahiraient-ils? Les trouvères et les troubadours n'ont-ils pas versé à flots sur la France du Moyen âge une poésie qui parle moins qu'elle ne chante? La douce rumeur s'en est vite répandue à travers l'Europe. Adam de la Hale expire à Naples en étreignant contre son cœur sa harpe bien-aimée. Guillaume de Machault, qui écrit une messe à quatre parties pour le sacre de Charles V le Sage, n'en raconte pas moins en neuf mille vers la prise d'Alexandrie. Le chevalier Tannhauser emporte sa viole dans les profondes sapinières du Harz. Les *minnesinger* accoutrent la parole d'un riche habit musical. Et les maîtres-chanteurs du seizième siècle, ces notaires du lyrisme germanique, rédigent pour la mélodie et le verbe un contrat de mariage en bonne forme. Peut-être même Ronsard a-t-il suivi leurs contro-verses durant l'été 1540, lors de son passage en Basse-Alsace...

Mais c'est surtout à la Cour des Valois que les

noces mystiques du luth et de la poésie semblent près de se consommer. Lorsque Clément Marot publie ses *Cinquante Psaumes* pour être chantés comme ceux du roi David, avec accompagnement de harpe ou de cithare, chacun s'amuse à leur adapter un air à la mode. En attendant les pudiques inspirations de Goudimel, Catherine de Médicis ajuste à son psaume favori un air du *Chant des Bouffons*. Diane de Valentinois fredonne *Du fond de ma pensée* sur une volte de Provence, ivre de soleil et frétillante. Et le roi Antoine de Navarre proteste que rien ne s'accorde avec *Revange moy, prens la querelle* comme un certain branle du Poitou (1).

Peut-être n'a-t-on pas assez dit que les Français se sont pris subitement, au seizième siècle, d'une fureur de mélodie. Ils chantent toujours et partout, avec une ingénuité émouvante à force d'être spontanée. La réforme de Ronsard vient tellement à son heure que pas un de ses protecteurs ou amis ne refuserait de prendre à son

—

(1) Florimond DE REMOND, *Histoire de la naissance et progrès de l'hérésie*, cité dans le *Dictionnaire* de Bayle, article sur Clément Marot.

compte cette remarquable opinion de Noël Du
Fail : « La Musique et les chansons ont cela
propre et naturel que transmuer et faire passer en
elle nos conceptions et volontez... Somme que
j'ay tousjours estimé la Musique, qui declare et
esclaircit la grace, la gravité, l'amour, la peine et
le feu du mot où elle est couchée, estre chose
pour convenir avec les Cieux (1) ».

Il n'est donc pas étonnant que Ronsard se préoccupe d'une fusion plus étroite entre la mélopée
et les vers, dans le même temps qu'il poursuit ses
études latines et qu'il apprend le grec de toutes
pièces. Au collège de Coqueret, où la musique est
souveraine, Jean Dorat fait grand accueil aux
lutistes. Persuadé que les Muses aiment à vivre en
famille, il permet à ses jeunes étudiants d'autres
compagnies que la grammaire grecque de Théo-
dore de Gaza et le lexique latin de Robert
Estienne. Son logis résonne du matin au soir d'un
frémissement de lyres. Et cela compose une
smyphonie si agréable que Pierre de Ronsard

(1) Noël Du Fail, *les Baliverneries et les contes d'Eutrapel,* Paris, Lemerre, 1874, vol. I, p. 263.

n'en perdra jamais le souvenir. Plus tard, s'il revient en esprit chez son excellent professeur, il s'arrêtera au seuil du docte cabinet pour considérer en rêvant les manuscrits, les parchemins et les glossaires innombrables qui s'entassent en ce poudreux sanctuaire. Soudain, charmé d'apercevoir parmi tant de livres rébarbatifs un Ovide et un Tibulle, il suppliera son précepteur de ne point négliger leurs leçons d'amour, leurs tendres exhortations au plaisir, car la vie, hélas! n'est que trop prompte à nous fuir :

> Pesle-mesle dessus la table
> Tibulle, Ovide soient ouvers
> Aupres de ton luth delectable
> Fidele compagnon des vers (1)...

Ce luth, posé à plat sur un monceau de grimoires et de bouquins, dans la chambre d'un grammairien passionné, n'est-ce pas, aux yeux de Ronsard, le parfait symbole et le gage du nouveau lyrisme français?

(1) *A Jean d'Aurat, son précepteur. Odes*, t. II, p. 151.

*
* *

L'azur, le clair soleil des matins de la Renaissance exaltent à tel point son courage qu'il ne s'arrête guère aux difficultés de sa tâche. Celles-ci pourtant sont formidables. Comment ressusciter le lyrisme des anciens, alors que personne ne peut indiquer au juste la manière dont ils accouplaient les instruments et les voix? De nos jours, si nous interrogeons sur ce point un archéologue consciencieux, il biaisera, évitant de se compromettre. Mal informé des origines de la musique, il refusera de définir les rites mystérieux selon lesquels la cithare se conjuguait avec le langage.

Mais le lettré du seizième siècle se moque bien de ces finesses. Sappho, Terpandre, Alcée, Pindare, Simonide l'éblouissent. Ils le fascinent comme de prodigieux assembleurs de mots, de rythmes, d'images et d'harmonies. Ces extraordinaires Protées de vocables et d'accords, habiles à manier le plectre autant que le calame, fraternisent en son admiration avec les musiciens des périodes fabuleuses : Orphée, Musée, Amphion bâtisseur de villes, « Eumolpe Cecropien, Line, maistre d'Hercule (1) », Arion sauvé du naufrage par les dauphins que ses chants ravissaient en extase. Ces artistes incomparables parlaient avec une égale éloquence les deux langages de l'homme. Ils étaient princes des syllabes et des sons musicaux. A la façon dont Ronsard les cite toujours en exemple, on dirait que les lyriques grecs des septième et sixième siècles avant notre ère lui ont révélé leurs formules les plus secrètes. Il n'en est rien. Mais les âges, pour cet esprit hanté des plus beaux songes, n'ont pas emporté sans retour la palpitation des grandes lyres évanouies. Par un privilège dont les dieux sont jaloux, ces musiciennes immortelles le réconfortent à toute heure de leur doux frémissement :

> L'audacieuse encre d'Alcée
> Par les ans n'est point effacée,
> Et vivent encore les sons
> Que l'amante bailloit en garde
> A sa tortue babillarde,
> La compagne de ses chansons.
>
> Mon grand Pindare vit encore
> Et Simonide et Stesichore

(1) *Abbregé de l'art poëtique*, t. VII, p. 318.

> Sinon en vers, au moins par son,
> Et des chansons qu'a voulu dire
> Anacréon dessur la lyre,
> Le Temps n'efface le renom (1).

Ne reconnaît-on pas à cette orgueilleuse certitude, à ces accents d'un enthousiasme presque mystique, un poète musicien et philologue pour lequel il n'existe ni luths brisés ni langues mortes?

*
* *

Au bout d'un lustre, Ronsard s'assimile ce qui lui semble « le plus expédient », puis s'empresse d'escalader le Parnasse par le sentier qu'il a « cogneu le plus court (2) ». Assez des chants royaux, des ballades, des rondeaux, des lais et virelais de ses ancêtres! Il est las de leurs rythmes compliqués et sautillants. La mode en est passée. L'important lui semble de pourvoir derechef les musiciens de ces pièces que les anciens excellaient à écrire pour la lyre et qu'ils nommaient *Odes*, d'un mot grec qui signifie « cantates ».

(1) *Odes*, t. II, p. 115.
(2) *Abbregé de l'art poëtique*, t. VII, p. 230.

Ayant été le premier à montrer le chemin aux
poètes de son temps, Ronsard se considère de
bonne foi comme le père de l'ode française. Aussi
en a-t-il toujours revendiqué l'honneur avec une
âpre véhémence. C'est évidemment de ce ton hau-
tain que Fernand Cortez, rentrant à Madrid après
mille aventures, devait se glorifier d'avoir conquis
la Nouvelle-Espagne :

« Et osay, le premier des nostres, enrichir ma
langue de ce nom, *Odes*, comme l'on peut voir
par le titre d'une imprimée sous mon nom dedans
le livre de Jacques Peletier, du Mans, l'un des
plus excellents poëtes de nostre age, à fin que nul
ne s'attribue ce que la vérité commande estre à
moy (1) ».

Ici, nous sommes en droit de nous demander
si la prétention de Ronsard est fondée. D'autant
plus qu'il nous est plus facile qu'au poète lui-
même de trancher cette question...

En ce qui concerne le fameux vocable tiré du
grec, on aurait mauvaise grâce à nier que les

______

(1) *Preface mis au devant de la premiere impression des
Odes*, t. II, p. 10.

rimeurs français le connaissaient et l'employaient plusieurs années avant la première ode de Ronsard, *Des beautés qu'il voudroit en s'Amie*. On le trouve, par exemple, chez Jean Le Maire de Belges, dont le jeune Ronsard a sûrement étudié et pratiqué les œuvres avec soin. Puis, le 27 juin 1548, quelques mois seulement après la publication de l'ode dédiée à Jacques Peletier, l'avocat Thomas Sibilet imprime à son tour un *Art Poëtique* où l'ode figure en bonne place parmi les formes usuelles. Loin de la présenter comme une nouveauté, l'auteur de ce petit livre écrit en propres termes : « Le Chant Lyrique ou Ode (car autant vaut à dire) se façonne ne plus ni moins que le Cantique, c'est-à-dire autant variablement et inconstamment, sauf que les plus cours et petits vers y sont plus souvent usités, et mieux seans à cause du Luth ou autre instrument semblable sur lequel l'Ode se doit chanter. Aussy la matière suit l'effet de l'instrument (1)... »

(1) *Art Poëtique Françoys pour l'instruction des jeunes studieux et encore peu avancez en la Poësie Françoyse*, Paris, veuve François Regnault, édition de 1555, p. 57. Sibilet cite certaines pièces de Saint-Gelais en leur donnant le nom

Mais si Ronsard n'a pas introduit le nom de l'ode dans sa patrie, c'est bien lui qui a créé la chose. Les lettres françaises lui doivent une aubaine infiniment plus précieuse qu'un vocable emprunté à une langue étrangère. C'est lui qui, le premier, a su fixer le contour et le caractère de l'ode. La définition un peu vague de Thomas Sibilet prouve à quel point les linéaments de l'ode française demeuraient encore indécis, à cette époque... *Variablement et inconstamment...* Autant dire qu'on battait la campagne. Tout le monde s'accordait à reconnaître que l'ode avait besoin du luth. Mais le dessin des strophes s'altérait, se métamorphosait sans cesse avec une rapidité si capricieuse que l'ode mettait les musiciens au désespoir. Et cet embarras présageait peut-être une dangereuse incompatibilité entre « la matière » et « l'instrument ». Mais alors survint Ronsard. Il détermina péremptoirement, — non par des règles théoriques, mais par des chefs-d'œuvre vibrants et chaleureux qui chantèrent bientôt sur

d'odes. Mais nous n'en connaissons pas une seule qui porte cette dénomination dans les œuvres du poète.

toutes les lèvres, — les conditions d'existence du nouveau genre. Presque immédiatement, la strophe, assouplie et consentante, s'ajusta à la cadence du chanteur. Et l'ode française reçut ainsi, vers le milieu du seizième siècle, le statut parfaitement sage qui depuis lors est resté le sien.

Le succès, à vrai dire, ne vint pas tout de suite. Ronsard lui-même a la franchise de constater que certains de ses premiers essais répondent mal à son programme. Quel était donc à ses yeux leur principal défaut? Leur instabilité rythmique. Les strophes d'une même pièce différaient tantôt par l'entre-croisement des rimes masculines et féminines, tantôt par l'ordre de succession des vers d'inégale longueur. Les musiciens se plaignaient de ne pouvoir leur imposer une mélodie uniforme, attendu que les strophes subséquentes ne reproduisaient pas identiquement la structure de la strophe initiale. » Telle ode est imparfaite », concluait tristement leur auteur, « pour n'estre mesurée ne propre à la lyre ainsi que l'ode le requiert (1). »

(1) *Preface mis au devant de la premiere impression des Odes*, t. II, p. 10.

Et puisque ces pièces informes et fantasques ne valaient rien pour le luth, tant pis! Ronsard se décidait à les exclure sans pitié du recueil de ses odes.

Mais quel triomphe pour le poète, quand, à l'examen, les membres d'une même pièce se révèlent justes, vigoureux, égaux, bien proportionnés, de saine contexture et de noble prestance! Ronsard se félicite alors d'avoir découvert « le moyen de suivre Horace et Pindare (1) » Voilà donc les vieux lyriques « heureusement ressuscitez (2), » grâce à sa persévérance. Et comment ne s'estimerait-il pas le favori des Muses, lui qui n'a pas attendu sa trentième année pour achever victorieusement un ouvrage commencé « non sans labeur ». Car ce n'est certes pas une ambition médiocre que :

> De marier les odes à la lyre
> Et de sçavoir sur ses cordes eslire
> Quelle chanson y peut bien accorder
> Et quel fredon ne s'y peut encorder (3).

(1) *Preface mis au devant de la premiere impression des Odes*, t. II, p. 11.
(2) *Ibid.*, t. II, p. 10.
(3) *Poèmes*, t. VI, p. 43.

III

ORPHÉE

Les quatre premiers livres des *Odes* ayant paru
en 1550 avec un succès considérable, en quelque
estime que la Cour eût tenu jusque-là Mellin de
Saint-Gelais, fournisseur ponctuel et d'une inépuisable complaisance, et nonobstant la popularité de
Clément Marot, on dut admettre bon gré mal gré
que le poète débutant venait d'accomplir un tout
autre exploit que ses devanciers les plus illustres :
Orphée rajeuni semblait revivre sur la terre.

Cependant, Ronsard se contentait de suivre le
conseil qu'il s'était fait donner quelques semaines
auparavant par son ami Joachim du Bellay!
« Chante moy ces Odes, incogneues encor de la
Muse françoyse, d'un Luc bien accordé au son
de la Lyre grecque et romaine : et qu'il n'y ait

vers où n'apparoisse quelque vestige de rare et antique erudition (1). »

Dès ses quatre premiers livres. Ronsard attestait sa maîtrise de l'ode :

Dont le style est subtil et mirifique (2).

Après cette démonstration, personne n'osait contester que son « luc » juvénile s'accordât merveilleusement « au son de la Lyre grecque et romaine ». Et son érudition, Dieu merci! avait de quoi éblouir et abasourdir tous les docteurs en Sorbonne.

Mais l'ode, nous l'avons vu, est essentiellement une cantate. Dans la jeunesse radieuse de l'hellénisme, le lyrisme représente un ensemble de poésie, de musique et de danse où la poésie est la partie d'un tout, nullement le tout lui-même. La musique, par conséquent, est pour l'ode une nécessité absolue à laquelle personne ne doit prétendre la soustraire, ainsi que le rappellera net-

(1) Joachim DU BELLAY, *Deffence et illustration,* livre II, chap. IV, Versailles, Cerf, 1878.
(2) LE MAIRE DE BELGES, *la Description du Temple de Venus,* édition Stecher, Louvain, 1885, t. III, p. 112.

tement Vauquelin de la Fresnaye, bien des années plus tard :

En cent sortes de vers tu la peux varier :
Mais toujours aux accords du luth la marier (1).

Force était donc à Ronsard de se mettre en quête d'un luth. Il n'avait fait qu'assembler, en son recueil initial, les paroles d'un livret dont il restait à fournir la partition instrumentale et vocale. Mais ces instruments et ces voix, où les trouver? Question embarrassante. Plus les paroles étaient belles, et plus il fallait trembler qu'elles ne fussent profanées par une musique subalterne, triviale, ignoble, ou seulement futile. Ronsard ne pouvait oublier la désinvolture avec laquelle les princes, les plus éminents personnages de la Cour avaient assorti des airs de rencontre aux psaumes de Marot en dépit de leur caractère sacré. Le retentissement même de ses odes les exposait presque inévitablement à une disgrâce analogue. Et Ronsard s'en inquiétait à bon droit.

(1) Vauquelin de la Fresnaye, *Art poétique*, Paris, Poulet-Malassis, 1862, t. I, p. 32.

Pareille mésalliance l'eût froissé dans son orgueil, dans ses théories esthétiques, dans ses goûts intimes, lesquels étaient les plus aristocratiques du monde. Des vers « graves et bons », comme les siens, appelaient une musique bien née. Il le savait et le proclamait fièrement :

> Ores il ne faut pas dire
> Un bas chant dessus ma lyre
> Ny un chant qui ne peut plaire
> Qu'aux aureilles du vulgaire (1).

Pourquoi donc cet ami passionné du luth n'écrivait-il pas lui-même la musique de ses odes? Certes, il est rare qu'un artiste possède à la fois les ressources du poète et du compositeur; mais un tel phénomène n'eût pas causé une surprise par trop véhémente aux contemporains de Léonard et de Michel-Ange, accoutumés depuis longtemps aux métamorphoses de ces génies universels et multiformes. Au reste, des poètes moins bien doués que Ronsard faisaient bonne figure à cet égard. Saint-Gelais, près de mourir, inventait pour ses derniers distiques latins, une mélodie lan-

____

(1) *Odes*, t. II, p. 54.

guissante et nébuleuse, et cette voix mélancolique d'outre-tombe, véritable chant du cygne, s'élevant de son luth abandonné, dans le silence de l'église drapée de noir, arrachait des larmes à l'assistance des funérailles. Jacques Peletier, Maurice Scève, Pontus de Thyard, Agrippa d'Aubigné passaient pour des amateurs compétents et sensibles. Jean-Antoine de Baïf s'amusait-il vraiment à bâtir de pompeuses polyphonies sur des chansons spiri-tuelles et à rédiger des instructions pour la tabla-ture de la guitare et du luth, comme on l'a dit? Rien n'est moins sûr (1). Bornons-nous à rap-peler que ses contemporains attestent par leurs éloges la bonté de son jugement. Quant à Marc-Antoine de Muret, il excellait à commenter Ron-sard en musique comme en prose. Nombre de connaisseurs estiment, en effet, que les airs du sonnet *Las je me plain* et de *Ma petite colombelle* sont de la même plume que la docte exégèse des *Amours* (2).

(1) M. Augé-Chiquet, dans son ouvrage : *la Vie, les idées et l'œuvre de Jean-Antoine de Baïf*, Paris, Hachette, 1909, p. 321, s'inscrit en faux contre cette tradition.

(2) Ainsi Ch. Comte et P. Laumonier, *Ronsard et les*

Mais Ronsard, qui n'a pas reçu une éducation aussi complète, est un simple amateur, doué d'une virtuosité moyenne sur la guitare et sur le luth. S'il lui arrive de parler harmonie en termes érudits, c'est que ces expressions ont une sonorité qui le séduit, car Ronsard, comme beaucoup de bons poètes, croit fermement à la magie de certains mots. Son vocabulaire ne suffit pourtant pas à nous donner le change. On a vite fait de découvrir que ses « consens », ses « tons, modulations, voys, systemates et commutations, » ses distinctions ingénues entre l' « enarmonique », la « chromatique » et la « diatonique », ses allusions circonspectes aux modes lydien, phrygien ou dorique (1), ne représentent en définitive qu'un savoir d'occasion et strictement verbal.

La surdité l'a-t-elle détourné d'apprendre le contrepoint? Peut-être... En tout cas, il se con-

musiciens du seizième siècle, ouvrage déjà cité, p. 13. M. Julien Tiersot est encore plus affirmatif sur ce point. Cf. Ronsard et la musique de son temps, Paris, Fischbacher, p. 30, et la Muse française du 10 février 1924, p. 220.

(1) Preface sur la musique, t. VII, p. 338.

tente désormais de chanter pour lui seul, sans se
faire la moindre illusion :

> Je chante quelquefois,
> Mais c'est bien rarement, car j'ay mauvaise vois (1)...

S'il persiste, malgré tout, à fredonner ses vers,
c'est qu'il ne connaît pas de meilleure pierre de
touche pour le nombre et l'harmonie d'une
période poétique. Avec quelles instances chaleu-
reuses et pressantes ne recommande-t·il pas ce
procédé à ses disciples :

« Je te veux aussi bien advertir de hautement
prononcer tes vers quand tu les feras, ou plutot
de les chanter, quelque voix que tu puisses avoir,
car cela est bien une des principales parties, que
tu dois le plus curieusement observer (2). »

Quoi qu'il en soit, puisque ses poèmes, et
notamment ses *Odes,* ne peuvent se passer d'une
illustration musicale, Ronsard risque d'être
emprisonné dans ce dilemme : ou bien il aban-
donnera ses vers au caprice des ignares, qui les
déshonoreront par des refrains de carrefours, ou

(1) *Response de Pierre de Ronsard. Discours,* t. VII,
p. 114.

(2) *Abbregé de l'art poëtique,* t. VII, p. 332.

bien il les mettra lui-même en musique. Mais la première lui répugne. La seconde lui impose une tâche au-dessus de ses forces.

C'est alors que Ronsard sollicite le concours des meilleurs artistes de son temps, afin d'offrir au public un bouquet de compositions triées et assorties sous ses yeux.

Deux ans plus tard, au moment de publier ses *Amours* sous la même couverture que le cinquième livre de ses *Odes*, Ronsard aura soin de leur annexer une offrande musicale : dix airs écrits sur ses poèmes. Heureuses les bibliothèques qui possèdent aujourd'hui un exemplaire de ce précieux volume! Il s'intitule : *Les Amours de P. de Ronsard, Vandomoys, ensemble le cinquieme* (livre) *de ses Odes, à Paris, chez la veufve Maurice de la Porte, 1552.* Et rien ne renseigne mieux sur les collaborateurs immédiats de Ronsard.

IV

L'OFFRANDE MUSICALE

A cette époque, — nous sommes en 1552, —
les derniers précurseurs de la Renaissance musicale se sont pieusement endormis dans la paix du
Seigneur. Depuis un quart de siècle, leurs inspirations naïves, magistrales ou sublimes ne s'épa-
nouissent plus au-dessus des cathédrales et des
collégiales de France. Quel deuil pour les poètes!
Quels gémissements sincères! Où sont ces pri-
mitifs au cœur simple dont ils faisaient naguère
leurs délices? A peine s'il reste, hélas! « je ne
sçay quels petits os » de messire Jean d'Ocke-
ghem, le patriarche du motet polyphonique, et de
ses élèves Josquin de Près et Louiset Compère.
La voilà dispersée, à tout jamais, cette éloquente
confrérie pour laquelle le bon Le Maire de

Belges tressait avec ardeur ses guirlandes les plus
belles :

> Et de Josquin les verbes douloureux,
> Puis d'Ockeghem l'harmonie très fine,
> Les termes doux de Loïset Compere
> Font melodie aux cieux mesme confine (1)...

Cependant, malgré l'écoulement des années,
chacun garde un souvenir ému :

> D'Agricola, dont musique fait luire
> Le nom, plus cler cent fois que fin argent (2)...

Et les vrais connaisseurs vénèrent tellement la
mémoire de ses émules, Pierre de la Rue, Gaspard, Richaffort, Nicolas Brumel, Carpentras et
Jean Mouton, qu'ils se demandent avec anxiété
comment de tels génies pourront être remplacés.

Dieu merci, le rejeton que ces ancêtres illustres
ont laissé derrière eux n'a point démérité. Qu'importe que Clément Jannequin soit vieux, acca-
blé de chagrins, faible, décrépit et misérable?
Depuis trente-cinq ans, son œuvre capitale, *la*

---

(1) Jean LE MAIRE DE BELGES, *Œuvres*, édit. Stecher
(déjà citée), t. III, p. 110-111.
(2) *Ibid.*, p. 174.

Bataille de Marignan, n'a rien perdu de son éclat. Une légende martiale et chevaleresque l'environne. Comme d'une épopée, il en rayonne une sorte d'héroïsme à la française. A l'étranger, Francesco di Milano l'a transcrite pour le luth. En France, les fils des preux de Marignan ne l'entendent jamais sans tressaillir. A l'instant précis où le chœur imite le tumulte de la mêlée, fait bruire les bombardes et les canons, tonner les gros courtaux et les faucons, que de gentilshommes portent involontairement la main à la garde de leur épée!

« Quand lon chantoit la chanson de la guerre faite par Jannequin devant ce grand François pour la victoire qu'il avait euë sur les Suisses, il n'y avoit celui qui ne regardast si son espée tenoit au fourreau, et qui ne se haussast sur les orteils pour se rendre plus bragard et de la riche taille (1). »

Et comme Jannequin a servi autrefois sous le père de Ronsard, le poëte des *Odes* et des *Amours* n'hésite pas à faire appel à ce vieil homme, qui défère bien volontiers à son désir. Une couple de

____

(1) Noël Du Fail, *les Baliverneries et les contes d'Eutrapel,* déjà cité, t. I, p. 268.

sonnets et une chanson attestent la constante amitié de Jannequin pour le nom de Ronsard (1).

Deux autres compositeurs du recueil ne sont pas non plus des jeunes gens.

L'un, Pierre Certon, exerce depuis bientôt vingt ans les fonctions de chapelain perpétuel et de maître de musique à la Sainte-Chapelle. Il a remporté en 1546 un vif succès avec ses trente et un *Psaumes* à quatre voix, dont Guillaume Morlaye prépare une réduction pour le luth. Cet honnête Pierre Certon accepte sans difficulté de mettre en musique deux pièces de Ronsard. Mais prudent, il s'en tient aux sonnets, car lui non plus ne se sent pas l'aile assez puissante pour s'élever à la hauteur de l'ode. Pareille envolée ne sera tentée que par Goudimel, le Franc-Comtois entreprenant et tenace qui s'essaye tour à tour aux tâches les plus ardues.

Vers ce temps-là, Claude Goudimel, qu'il soit né en 1505 ou bien en 1510, comme le prétendent certains de ses biographes, commence à gri-

(1) Par la suite, Jannequin devait mettre en musique deux nouveaux poèmes de Ronsard : *Bel aubepin* et *Pourquoy tournez-vous*.

sonner. Mais les Parisiens ne l'ont guère connu avant 1549. A partir de cette date, il a publié, coup sur coup, vingt-neuf chansons à quatre voix, deux motets, huit *Psaumes* de Clément Marot, et la cour et la ville retentissent de ses louanges. Ses accointances avec les huguenots ne l'ont pas encore rendu suspect. Les poètes de la Pléiade lui savent gré de sa ferveur pour les belles-lettres. Non content d'adorer les livres, il veut les imprimer. L'exemple des grands éditeurs de musique lui ayant tourné la tête, il rêve de traiter d'égal à égal avec les Parisiens Pierre Atteignant, Michel Fezandat, Adrian Le Roy, Robert Ballard, le Lyonnais Jacques Moderne, les Italiens Petrucci et Gardane, Tylman Susato d'Anvers, Phalesius de Louvain, Gryphœus de Nuremberg. Du jour où il s'associera avec Nicolas Du Chemin, bourgeois de Paris, sa boutique *A l'enseigne du Gryffon d'Argent, ruë Saint-Jean de Latran,* deviendra le rendez-vous des musiciens, des poètes, des érudits et des curieux. Mais en attendant, Goudimel travaille avec ardeur aux *Odes d'Horace à quatre voix,* qu'il publiera en 1555. Il n'a pas encore échangé

« la prophane lyre du prophane poëte Horace (1) » contre la harpe sacrée de David, et l'heure du repentir n'a pas encore sonné pour lui.

Ronsard refusera-t-il sa sympathie à un musicien qui besogne joyeusement sur le texte d'Horace, malgré la décourageante subtilité des rythmes latins? D'un autre côté, le contrapontiste qui prétend offrir à la France l'équivalent de cet Horace musical que Petrus Tritonius, Benedict Ducis, Paul Hoffheimer et Ludwig Senfl ont déjà donné à l'Allemagne, reculera-t-il devant les strophes de Ronsard? Aucun des deux n'hésite. Goudimel n'a pas plus tôt achevé le sonnet *Quand j'apperçoy ton beau chef jaunissant* qu'il se hâte d'aborder l'ode *Qui renforcera ma voix*. Puis, immédiatement, il s'attaque à l'ode *A Michel de l'Hospital, chancelier de France,* cime colossale et presque inaccessible d'un lyrisme renouvelé de Pindare, dont elle n'imite que trop les sublimités hautaines et les magnificences tour à tour ténébreuses ou fulgurantes.

(1) Voir sa dédicace à Claude Belot, sieur de la Bloctière, citée par M. BRENET, *Claude Goudimel*, Besançon, Paul Jacquin, 1898, p. 22.

Quant à M. A. Muret, si le compositeur ne fait qu'un avec le célèbre humaniste Marc-Antoine de Muret, il est le cadet en ce quatuor de musiciens, car il n'a pas plus de vingt-six ans. Ronsard a dû le rencontrer maintes fois pendant la préparation des *Amours,* alors que Marc-Antoine, arrivé de Bordeaux à Paris durant le second semestre 1551, professe la littérature, la théologie et la philosophie au Collège Royal avec le plus grand succès. Comme il manifeste un enthousiasme véhément pour Ronsard, le poëte, en récompense, l'invite à commenter en prose la prochaine édition des *Amours*. Et tout de suite, Ronsard s'amuse à insérer parmi ses chansons un air qui révèle le talent musical de son admirateur. Encore un sonnet, bien entendu... Mais Marc-Antoine adaptera, en outre, une des odes les plus populaires de Ronsard, *Ma petite colombelle* (1). Et si l'on ajoute à ces deux mélodies une troisième chanson, *Venez sus donc, venez embrasser,* on aura fait le tour de sa production musicale.

(1) Publiée en 1552 dans le *Dixiesme livre de chansons nouvelles à quatre parties*, chez Nicolas Du Chemin.

D'une faconde inépuisable comme son savoir, musicien à ses heures, un peu sorcier, ce Méridional plein de jactance émerveille, étourdit, éblouit ses familiers, tant éditeurs que compositeurs, au point que leur amitié lui restera fidèle aux mauvais jours. En 1555, Nicolas Du Chemin publiera les *Chansons spirituelles de M. A. de Muret mises en musique à quatre parties,* ouvrage attribué à Goudimel, mais qui pourrait bien être de Muret lui-même. Or, à cette époque, le malheureux Marc-Antoine appartiendra au bourreau. Ses débauches, la bizarrerie par trop païenne de ses goûts, lui auront valu une condamnation à mort. Sans doute, il se sera dépêché de passer les Alpes, et l'indulgente Italie ne refusera point un asile à ses trente dernières années. Mais les capitouls de Toulouse se donneront l'atroce plaisir de brûler en effigie sur la place Saint-Georges celui qui fut naguère le compositeur et le commentateur officiel de Ronsard.

N'importe! en 1552, l'étoile de Muret brille encore à son zénith, et la veuve Maurice de La Porte, qui édite les *Amours,* ne céderait à personne le privilège d'accoler la signature de cet

humaniste célèbre aux noms déjà glorieux de
Ronsard, de Jannequin, de Certon et de Goudimel. Espérant attirer un concours immense de
lecteurs, la bonne dame laisse percer ses convoi-
tises dans une préface obséquieuse et babillarde :
elle signale aux amateurs que Ronsard a mesuré
ses vers sur la lyre et que l'on trouvera, aux dernières pages du livre, une musique sur laquelle
chanter *une bonne partie du contenu en iceluy* (1).
Pourvu que cette pratique plaise au lecteur, la
veuve de La Porte s'engage à la continuer...

Ronsard partage entièrement l'optimisme de
son éditeur. Pénétré de ses obligations envers la
musique, il se rappelle les remerciements solen-
nels qu'Horace adressait jadis à sa lyre (2), et,
pour ne pas être en reste de politesse, il se hâte
de dédier ses odes initiales *A son Lut* (3) ou bien
A sa Guiterre (4). Mais sa jubilation éclate avec
plus de majesté encore à la fin du premier livre

(1) *Advertissement au lecteur par A. D. L. P.* (la veuve
de La Porte).
(2) *Ad Lyram*, HORACE, *Odes*, t. I, p. 32.
(3) RONSARD, *Odes retranchées*, t. II, p. 394-397.
(4) *Ibid.*, t. II, p. 386-389.

des *Odes,* dans l'invocation *A sa Lyre* (1) le plus magnifique hommage qu'un grand poète ait jamais rendu à la musique :

> Heureuse lyre! honneur de mon enfance!
> Je te sonnay devant tous en la France
> De peu à peu; car, quand premierement
> Je te trouvay, tu sonnois durement,
> Tu n'avois point de cordes qui valussent
> Ne qui respondre aux loix de mon doigt peussent.

Certes, avant Ronsard, Saint-Gelais célébrait déjà le concert des instruments et des voix. Plusieurs de ses bluettes s'intitulent : *Sur un luth, Sur un petit luth, Sur une guiterre espaignolle rompue et puis faite rabiller par Monseigneur d'Orléans estant malade,* ou bien encore *Pour la Guiterre, Envoy pour mettre en musique, Leger chapitre pour le luth, à double repos,* etc. Et quel luxe inouï d'inscriptions latines! On en connaît de toutes sortes : *Pour la cithare de Suzanne, Pour le luth d'Anne Remond,* sans parler d'autres distiques, trop pareils, hélas! à des devises de mirliton.

(1) *Ode* XXII du livre Ier, édit. Blanchemain, t. II, p. 127-129.

Mais qu'il y a loin de ces chétifs impromptus aux fastueux panégyriques de Ronsard! Ceux-ci troublent le cœur par leur accent ému et presque religieux. Le poète vendômois, certain d'avoir satisfait aux exigences de la musique, fier de pouvoir commander aux plus suaves chanteurs de France, se considère comme l'héritier de Pindare et d'Horace. Et il le dit tout haut à sa patrie :

> Je pillay Thebe et saccageay la Pouille,
> T'enrichissant de leur belle dépouille...

On voit à quel point Ronsard dédaigne les faux dehors d'une modestie affectée. Il néglige leurs simagrées, leurs vaines précautions oratoires. Et l'ode *A sa lyre,* déroulant ses volutes comme une vague mélodieuse, s'achève par ce cri de gratitude et d'amour :

> Par toy je plays et par toi je suis leu;
> C'est toy qui fais que Ronsard soit esleu
> Harpeur françois, et quand on le rencontre,
> Qu'avec le doigt par la rue on le monstre...
> Si de mon front les estoilles je passe,
> Certes, mon luth, cela vient de ta grace.

4

Après une telle apothéose, il peut sembler extraordinaire que le luth de Ronsard ne soit pas allé rejoindre, parmi les constellations célestes, la rayonnante lyre du grand Orphée.

V

LES BARRICADES MYSTÉRIEUSES

Mais voici le moment d'écouter les dix airs
annexés aux *Amours*. Leur doux éclat, leur suavité
méditative ou riante valent bien qu'on s'y arrête.
Les quatre musiciens dont ils portent la signature
savaient écrire des pages d'un accent juste et émou-
vant. Il est donc naturel que la cour de France,
dans les commencements, n'ait résonné « plus
rien autre chose », ainsi que le raconte l'aimable
Colletet (1).

Mais si le « supplément des Quatre » parut en
sa fleur une nouveauté des plus piquantes, cette
fleur se flétrit sans produire le fruit qu'on espé-
rait, après quoi il n'en fut plus question. Non seu-

(1) Cité par P. BLANCHEMAIN, *Œuvres de Ronsard*,
t. VIII, p. 51.

51

lement l'offrande musicale ne reçut jamais le pendant annoncé, mais elle sombra dans un oubli si profond que nul ne s'avisa de l'exhumer en 1828, quand les romantiques s'ingénièrent à relever la renommée déclinante de Ronsard. Elle attendit trois siècles et demi qu'un Prince Charmant, M. Julien Tiersot, vînt conjurer le sommeil sans honneur où elle languissait à Orléans, au fond d'une bibliothèque peu fréquentée des curieux (1).

En réalité, si le supplément musical de 1552 n'a pas laissé une trace plus durable dans les mémoires, la faute en est d'abord à Ronsard luimême N'ayant pas complété son éducation musicale, il s'est imaginé à tort que le recueil entier de ses *Amours* pouvait se chanter sur un petit nombre d'airs. Des notices, impérieuses comme ces mains noires indicatrices qu'on voit aux murs des bâtiments publics, recommandent d'adapter quatre-vingt-douze pièces à la mélodie *Qui vouldra voir*

(1) Les airs du supplément musical, transcrits par M. Julien Tiersot, furent interprétés par les Chanteurs de Saint-Gervais, à Versailles, le 5 novembre 1897, au cours de la séance publique annuelle de la Société des Sciences morales, des Lettres et des Arts de Seine-et-Oise.

par Jannequin, cinquante-neuf à *Nature ornant* du même auteur, trois autres à *Quand j'apperçoy* de Goudimel. N'oublions pas enfin quatorze sonnets qu'il faut attacher à l'air *J'espere et crains* de Pierre Certon comme sur un lit de Procuste.

Méthode saugrenue et barbare?... Hélas! oui... Voilà pourtant ce que les techniciens appellent le système des « timbres ».

Une erreur aussi malencontreuse suffisait à compromettre le succès de l'entreprise. Car le système des « timbres » n'offense pas moins l'esprit que le goût. Si la musique a réellement un sens; si elle représente ce langage supra-terrestre dont Beethoven écrivit un jour : *sorti du cœur, qu'il aille au cœur!* il est souverainement absurde qu'un air consente à exprimer indifféremment les pensées les plus diverses. L'imagination artistique a pour privilège de se renouveler à l'infini, sans effort apparent. Un procédé rudimentaire comme celui des « timbres » convient à la rigueur à la simple chanson populaire qui en a tiré maintes fois des effets surprenants. Mais les mélodies savantes — et quoi de plus savant qu'une chanson

à quatre voix du seizième siècle? — le dédai-
gnent et le réprouvent.

Avec leurs mille petites incises, leurs imitations
fuguées ou canoniques, leurs filigranes ténus,
leurs entrelacs et arabesques, les polyphonies de
la Renaissance rappellent certains mécanismes
délicats d'horlogerie. Les contrepoints méticuleux
qui les agencent leur rendent difficiles, sinon
impossibles, les remplois, substitutions ou
échanges. La prosodie, déjà sacrifiée dans la ver-
sion primitive, se voit presque toujours violée et
martyrisée au cours de ces transferts. Du point de
vue psychologique, c'est encore pis. L'opération,
pour réussir, exige d'être exécutée par le compositeur lui-même. Plus tard, des maîtres tels que
J.-S. Bach et ses fils, Haendel, Gluck et Mozart
utiliseront des mélodies identiques pour des
paroles différentes. Mais quand un Mozart, par
exemple, décide de transporter la partition ina-
chevée de sa grande *Messe en ut mineur* à la
cantate italienne *Davidde Penitente*, il commence
par vérifier en personne les points de contact du
nouveau livret avec la liturgie latine. Un tel
ajustement, environné de garanties sérieuses,

n'offre alors que très peu d'analogies avec l'adaptation toute mécanique à laquelle Ronsard nous convie, ou plutôt, nous condamne. Ici, nul choix, nulle réflexion. La méthode des « timbres » équivaut à un grossier décalque d'enfants.

D'autre part, si la chanson populaire gagne plus qu'elle ne perd à utiliser des refrains connus, des airs « passe-partout », puisqu'elle traduit des sentiments d'une portée générale et d'une parfaite naïveté, le cas est tout autre pour une poésie élégante et aristocratique. Chefs-d'œuvre d'une culture exquise, les sonnets des *Amours* reflètent par leur inspiration comme par leur exécution l'individualité exceptionnelle de leur auteur. Les airs qu'on leur destine ont donc le devoir de ne pas être des lieux communs. Ou bien alors, il ne fallait pas tant blâmer la Cour des Valois de chanter les Psaumes de Clément Marot sur des voltes de Provence et des branles de Bourgogne.

A vrai dire, les gens du seizième siècle ne partageaient pas nos répugnances contre le système des « timbres ». Ils ne s'étonnaient point de ces greffes. L'emploi d'une mélodie à toutes fins ne les scandalisait en rien. Personne ne s'offusquait d'un abus qui apparaissait comme un usage traditionnel et d'autant plus respectable. Mais tout en ne soulevant guère d'objections de principe, les prescriptions de Ronsard se révélaient à l'expérience d'une application bien difficile. Les sonnets des *Amours* refusaient d'obéir aux contre-points de ses amis. Ils s'emboîtaient mal dans leurs carcans rigides. Les notes longues regimbaient contre les syllabes brèves. Les accents mettaient comiquement en valeur l'insignifiance de certains mots. La plupart des chansons étaient estropiées par ces métamorphoses forcées. Enfin, les vers s'assemblaient-ils à grand'peine sur ces chevalets de torture, auprès desquels le gril de saint Laurent n'était qu'une couche voluptueuse, le caractère de la pièce protestait énergiquement contre la mélodie à laquelle on prétendait l'asservir. Voilà pourquoi les contemporains ne tardèrent pas à se dégoûter d'un exercice qui leur donnait tant de mal avec si peu de satisfaction. Nul ne chanta Ronsard sur les airs qu'il avait choisis. Et lui-même en dispensa ses fidèles.

*
* *

Mais si l'on n'est que trop fondé à rejeter sur Ronsard et son incompétence musicale la responsabilité d'un demi-succès qui le découragea plus profondément qu'un échec, il n'en faut pas moins déplorer que le poète des *Odes* et des *Amours* n'ait pas rencontré sur sa route un de ces musiciens aux vastes ailes, aux poumons infatigables, auxquels son génie lui donnait tant de droits.

En vain Ronsard avait travaillé plus de cinq ans à l'école des anciens; en vain, pieusement docile, il n'avait convoité d'autre gloire que celle de passer pour leur très obéissant serviteur et disciple. Le divin baiser des Muses, reçu en son enfance, le contraignait à faire acte de novateur. Depuis les *Odes*, la France lui devait un nouveau langage poétique. Il semblait donc que les compositeurs fussent tenus d'inventer pour ses vers une musique sans précédent, une musique absolument vierge.

Mais ils en étaient incapables. Ronsard lui-même, si audacieux en poésie, subissait la stérilisante tyrannie de la mode dès qu'il se ris-

quait au château magique des musiciens. Dans le
temps même qu'il y fréquentait le plus, il ne
songea pas un instant à rompre avec la routine.
Son choix se porta sur trois artistes éminents, les
meilleurs de l'époque, mais âgés. Et le quatrième,
jeune amateur de vingt-six ans, fut cet équivoque
et déconcertant Muret qui se piqua de prouver
qu'un humaniste pouvait en savoir aussi long sur
la musique que les techniciens les plus illustres.
Leurs chansons se révélèrent égales, non supé-
rieures, aux productions contemporaines, alors
que, pour capter sûrement le succès, elles auraient
dû passer en douceur, comme la poésie de Ronsard, tout ce qui s'était imprimé jusqu'alors. La
Cour parut d'abord admirer ces guirlandes
fraîches et gracieuses, tressées par des mains déli-
cates, soigneusement liées selon les rites en honneur. Mais elle s'aperçut bientôt que leurs nœuds
élégants et corrects manquaient un peu de fan-
taisie...

Passe encore si cette musique simplement
agréable avait la pudeur de s'effacer devant les
strophes de Ronsard. On lui aurait su gré de les
servir avec zèle et humilité. Mais tantôt elle en

altère le ton général et le sens, tantôt elle les écrase sous son poids. Une impérieuse polyphonie prétend les assujettir vaille que vaille à ses lois.

La fin du Moyen âge nous montre, en effet, ce spectacle paradoxal. La poésie lyrique, qui réserve ordinairement l'écho des émotions collectives, la rumeur et le tumulte des assemblées populaires à ses hymnes, à ses dithyrambes, à ses péans héroïques, à ses grandes odes votives ou triomphales; la poésie lyrique, qui partout ailleurs n'est qu'un murmure, un faible souffle, l'aveu confidentiel d'un cœur épanchant son miel dans un autre cœur; la poésie lyrique, reniant ici son âme, ses pudeurs les plus sacrées, désire s'énoncer en musique au moyen de quatre voix. A certains jours, elle en réclame jusqu'à huit. Les contrapontistes aboutissent alors à de baroques inconséquences. C'est ainsi que la pauvre Cassandre s'entend interpeller, ô surprise! par quatre escouades de galants :

> Mignonne, allons voir si la rose
> Qui ce matin avoit desclose
> Sa robe de pourpre au soleil...

Mais non, Cassandre n'ira point avec eux au jardin. Ils sont bien trop nombreux... Leur quadruple invitation n'a rien qui la séduise.

Ne sait-on pas que le poète lyrique s'efforce en général de cacher ses amours? Il est timide, sauvage, épris d'ombre, de solitude, de mystère. Après le monologue, tout au plus s'il admet le duo. Les masses chorales, si bruyantes, l'effarouchent. Il ne s'en sert que pour célébrer quelques solennités imposantes et d'une splendeur exceptionnelle. Mais puisque les chansons à quatre voix sont proprement des chœurs, qu'en ferait-il? Un petit chant de pastoureau, deux ou trois notes de galoubet : eh oui, voilà ce qu'il faudrait lui proposer!...

Au reste, le poète lyrique pourrait invoquer d'excellentes raisons pour justifier son antipathie. La polyphonie masque trop souvent le texte poétique. Les suaves ou fières paroles de Ronsard, dont la moindre a tant de prix, disparaissent sous l'ampleur d'un manteau magnifique, mais opaque. Les coïncidences, les simultanéités indispensables ne sont plus observées. Sans aucun respect pour les ordres du poète, certains mots sortent du rang

et se portent en avant avec une hâte intempestive;
le reste suit à bonne distance, formant une piteuse
arrière-garde d'éclopés et de traînards. A de loin-
tains intervalles, des débris de phrases tâchent de
se regrouper; mais à peine les a-t-on identifiés
que ces fantômes vont se perdre derechef en une
confusion retentissante qui attriste à la fois l'intelligence et le cœur.

Voilà de graves inconvénients. Néanmoins, les
musiciens n'en sont pas encore à vouloir modi-
fier leurs pratiques. Le jeune Muret n'y songe pas
plus que Jannequin, Certon ou Goudimel. Oiseaux
perchés sur les branches touffues d'un arbre plusieurs fois centenaire, tous répètent avec une insou-
ciante volubilité les belles chansons qu'il ont héri-
tées de leurs ancêtres. La tradition du Moyen âge
se continue avec eux, intacte et immuable comme
les choses éternelles. En réalité, la Renaissance de
la musique retarde d'un demi-siècle sur la Renaissance de la poésie.

*
* *

Ronsard, à aucun moment, ne semble avoir
pressenti l'imminence d'une transformation. Il

vieillit sans se rendre compte que les musiciens,
autour de lui, visent à une différenciation plus
subtile des sentiments. Sous l'influence du
madrigal italien, les compositeurs se préoccupent
davantage de l'atmosphère spéciale qui émane
d'un poème. Plus tard, la vogue croissante des
transcriptions instrumentales, le brillant essor des
ballets et des airs de cour, les premiers essais
d'opéra à Florence précipiteront la chute de la
polyphonie. Le récitatif et l'*aria* supplanteront le
motet, la chanson à quatre voix et même le
madrigal. Évolution si rapide que, dès le début
du dix-septième siècle, les pièces du supplément
des *Amours* pourront étonner les dilettantes
comme des fossiles musicaux.

Tandis que ce travail s'opère sourdement,
Ronsard s'en tient au passé. Il reste fidèle aux
maîtres qu'il a toujours admirés. A son vieux Jannequin d'abord, qui a écrit pour les *Amours* cette
musique adorable, *Petite Nymphe folastre*, bluette
si l'on veut, mais pareille aux épigrammes de
l'Anthologie Grecque par sa délicatesse, sa vé-
nusté, sa grâce accorte et espiègle. Enfin, après
Jannequin, il suit attentivement les composi-

teurs nouveaux qui s'inspirent de ses vers.

De ceux-ci, le plus illustre est, sans contredit, Roland de Lassus. En un jour d'enthousiasme, Ronsard l'appellera « le plus que divin Orlande ». Et certes, si l'on se remémore l'immense célébrité dont jouissait alors dans tous les pays ce musicien exubérant et robuste, semblable à Rubens par son abondance plantureuse et son éclatante vir tuosité, ce devait être un prodigieux événement pour la société cultivée du seizième siècle que la conjonction de ces deux gloires ruisselantes de feux : Pierre de Ronsard et Roland de Lassus.

D'autres, avec une réputation inférieure, ne l'intéressent pas moins. Hors du royaume, le Malinois Philippe de Monte, presque en même temps que son compatriote montois Roland de Lassus, met en musique dix-huit sonnets de Ronsard. En France, la génération suivante travaille sur ses vers jusqu'en 1580, c'est-à-dire près de trente ans après la publication des *Amours*. A des titres divers, les noms de Guillaume Costeley, Claudin, Nicolas de la Grotte, Guillaume Boni, Fabrice Marin, Antoine de Bertrand, François Regnard, ont dû être chers à sa reconnaissance.

Français ou Flamands, ces compositeurs ne s'écartent jamais d'une formule identique. Qu'importe si Nicolas de la Grotte marque de la prédilection pour une homophonie à peu près continue, où la voix la plus élevée, le *superius*, détient exclusivement la mélodie, cependant que les trois autres voix, **contratenor, tenor, bassus,** se contentent d'un rôle plus effacé? Qu'importe si Roland de Lassus et Philippe de Monte, ces grands seigneurs de l'art des sons, composent au contraire des « dialogues à huict » pour double chœur, enchérissant sur les finesses du style contrapuntique avec une ingéniosité éblouissante? Les uns et les autres sont de fidèles champions de la forme polyphonique.

C'est qu'ils penseraient déchoir, en vérité, se ravaler au niveau du bas peuple qui hante les cabarets et les mauvais lieux des faubourgs, s'ils mettaient leur plume au service de la monodie vulgaire. Ne serait-ce point trahir Ronsard, l'avilir et le prostituer, que de lui refuser cette docte et majestueuse polyphonie qu'ils croient tenir en droiture des anciens? Avec quelle colère ou plutôt, avec quel mépris, n'observent-ils pas les nobles et les bourgeois qui se détournent du contrepoint! Avide de mélodie pure, un public fourvoyé accommode à son caprice leurs chansons les plus jolies. Toute une séquelle de plats valets, adaptateurs faméliques, éditeurs matois comme Adrian Le Roy et Robert Ballard, se prêtent à cette besogne, flattant sans scrupule la plus récente lubie de leur clientèle. Les profanateurs s'emparent d'une chanson polyphonique : ils en isolent une voix, généralement le dessus, l'agrémentent de fioritures et de dentelles prétentieuses, puis réduisent les trois autres parties en accord pour un instrument à la mode, luth, guitare ou épinette... Après cela, le tour est joué.

On comprend la tristesse, l'indignation des contrapontistes. Ils se sentent pillés et bernés. Mais nous, comment refuserions-nous notre sympathie à leurs adversaires qui ont pour eux l'avantage de la jeunesse, les promesses de l'avenir, l'instinct et l'élan irrésistible de la vie? N'est-ce pas avec émotion que nous découvrons aujourd'hui, en un vieux fonds de manuscrits, la transcription instrumentale d'un air quelconque de Costeley ou de la Grotte? Une seule chose nous touche au même

degré. C'est le recueil où Jehan Chardavoine,
croque-notes très humble et très obscur de ce
temps, a inséré les « voix-de-villes » d'après
lesquelles se chantaient en 1576 six poésies de
Ronsard. Il nous livre, ce florilège, sans aucun
accompagnement vocal ou instrumental, les
refrains populaires, délicieux d'innocence, de
bonhomie ou de verdeur juvénile, que les
ménétriers et vielleurs colportaient à travers le
royaume, enseignant aux mas et aux bastides du
Midi, aux opulentes cités du Nord qui regardent
la mer, aux nids d'aigle de l'Auvergne, aux bonnes
villes de Touraine, aux riches bourgs d'Anjou et
du Vendômois, même aux hameaux perdus des
landes de Bretagne, à fredonner les chansons, les
sonnets et les odes anacréontiques de celui que
tous les Français appelaient alors « notre grand
poète Ronsard » (1). *Chants communs*, dit modes-
tement le titre de l'ouvrage (2). Mais ces chants

(1) On connaît ce passage de Noël Du Fail, souvent cité :
« Et sans aller si loin, quand notre Mabile de Rennes...
chantoit un lay de Tristan de Leonnois sur sa viole, ou une
ode de ce grand Poëte Ronsard... » *Les Baliverneries et les
Contes d'Eutrapel*, vol. I, p. 263.

(2) *Le recueil des plus belles et excellentes chansons en*

communs, répandus à travers les campagnes françaises, ont peut-être fait plus pour la gloire de
Ronsard que les fastueuses colonnades sonores
d'un Roland de Lassus.

Comment ne citerions-nous pas ici une curieuse
anecdote de Tallemant des Réaux qui semble
avoir échappé aux pénétrantes recherches des
commentateurs et des musicologues? D'après ce
texte, les gens de qualité continuaient à chanter
les « voix-de-villes » de Chardavoine pendant le
siège d'Amiens, entre mars et septembre 1597,
donc fort longtemps après la mort de Ronsard.
Tallemant nous donne ce détail à propos d'une
Madame de Neufvic, vieille c quette, tellement

*forme de voix de villes, tirées de divers autheurs et poëtes
françois, tant anciens que modernes. Ausquelles a esté nouvel-
lement adaptée la musique de leur chant commun, afin que
chacun les puisse chanter en tout endroit qu'il se trouvera,
tant de voix que sur les instrumens. Par Jean Chardavoine,
de Beaufort en Anjou. A Paris, Claude Micard, au clos Bru-
neau, à l'enseigne de la Chaise, 1576.*

éprise de fleurs que, malgré son grand âge, elle
portait souvent des bouquets.

« Le comte de Sardini, alors jeune, la trouva
un jour chez Madame de Bar avec un bouquet;
c'estoit durant le siège d'Amiens. Il se mit en riant
à chanter ce couplet de Ronsard :

> Quand ce beau printemps je voy,
>   J'aperçoy
> Rajeusnir la terre et l'onde,
> Et me semble que l'amour,
>   En ce jour,
> Comme enfant renaisse au monde (1).

Elle, sur-le-champ, se mit à chanter :

> Moy, je fais comparaison
>   D'un oison
> A un homme mal habile
> Qui, d'un sens par trop rassis,
>   Cause assis,
> Quand son Roy prend une ville (2).

(1) Ces trois derniers vers ne sont pas de Ronsard. Voici
le texte des *Amours à Marie* :

> Et me semble que le jour
>   Et l'amour
> Comme enfans naissent au monde.

(2) TALLEMANT DES RÉAUX, *Historiettes*, Paris, Te-
chener, 1854, t. I, p. 8.

Puisque ce gentilhomme ne tenait point de luth à la main, c'est qu'il chantait un couplet sans accompagnement, dans le genre des « voix-de-villes ». Jehan Chardavoine n'avait eu garde d'omettre dans sa collection de 1576 la chanson *Quand ce beau printemps je voy,* car le public en raffolait. Un an auparavant, en 1575, elle avait déjà paru, sous forme de chanson à quatre voix, dans les œuvres de Nicolas de la Grotte. On constate, en négligeant quelques altérations insignifiantes, que l'air est le même dans l'un et l'autre recueil. Il n'y a pas lieu de s'en étonner, car l'honnête Chardavoine ne se piquait nullement d'offrir à sa clientèle des compositions originales et inédites. Son rôle se bornait à les pourvoir de mélodies déjà consacrées par le succès. Ainsi l'air chanté ce jour-là par le jeune comte de Sardini devant la vieille et redoutable Madame de Neufvic était probablement la chanson de Nicolas de la Grotte, transformée en « voix-de-ville ».

Mais cette scène se passait à la fin du seizième siècle. Bientôt, le vent tourne. On cessera de chanter Ronsard. Encore quelques lustres, et l'on renoncera tout à fait à le lire. Alors commencera pour lui le délaissement, l'ingratitude injurieuse, ou pis encore : l'oubli total, le silence et la poussière des bibliothèques, une léthargie plus funèbre que celle des momies égyptiennes au fond de leurs hypogées. Pourquoi cela ?... Malherbe sera venu...

*
* *

Ronsard n'avait donc pas réussi à amener un rapprochement durable entre la poésie et la musique. Voyant subsister les barricades mystérieuses qui les séparent, sa confiance l'abandonnait. Les deux Muses, malgré ses efforts, continuaient à vivre éloignées l'une de l'autre, comme jadis au collège de Navarre, quand le régent de Vailly les tenait prisonnières sous sa férule.

Mais l'échec ne lui laissait aucune aigreur. L'idéal de l'ancienne poésie lyrique est si altier que le génie lui-même n'espère pas y atteindre du premier coup d'aile. Et d'ailleurs, avec les progrès de la culture intellectuelle, le poète et le musicien ont encore moins de chances de se confondre. Qu'importe si l'origine des arts est commune, puisque leurs développements sont divergents?

Jean-Antoine de Baïf pensait précisément à cela,
lorsqu'il écrivait :

> Jadis Musiciens et Poëtes et Sages
> Furent mesmes autheurs; mais la suite des âges,
> Par le tems qui tout change, a séparé les Troys.

Au reste, les consolations et les dédommage-
ments ne faisaient pas défaut à Ronsard. La Renaissance avait le privilège d'évoquer, pendant
quelques heures, la musique, la danse, l'histoire,
le drame, la poésie lyrique, toute la riante mythologie du Parnasse. Tournois, joutes, carrousels,
ballets, intermèdes, spectacles étonnants et magni-
fiques, féeries dignes de la main d'Armide, jeux
d'une Cour éternellement juvénile et insatiable de
plaisirs, autant de prétextes pour rassembler le
chœur charmant des Muses. Et comme un autre
Apollon au milieu des neuf sœurs, Ronsard rimait
à l'occasion de ces fêtes des cartels, des mascarades, des stances alternées, des églogues, toutes
sortes d'airs à chanter ou à danser. Les funestes
barricades s'évanouissaient en fumée, ces jours-
là, si bien que Ronsard avait l'illusion d'écouter,
ainsi qu'aux rêveries lointaines de son enfance,
le suave entretien des Muses.

L'ENTRETIEN DES MUSES

Quelle déception pouvait effacer chez un homme réconforté par de tels entretiens le souvenir des vastes solitudes aux couleurs chatoyantes, inondées de soleil, d'azur et de vent pur, que sa pensée avait eu le privilège d'entrevoir?

Ronsard allait donc exalter et bénir, jusqu'à son dernier souffle, la Muse de la mélodie, mais sans jamais la séparer de ses autres sœurs, car il eût craint d'enlever une voix à leur docte entretien. Nous avons à cet égard le témoignage de Claude Binet, son premier biographe :

« La peinture et la sculpture, comme aussi la musique, lui estoient à singulier plaisir; et principalement aimoit à chanter et à ouyr chanter ses vers, appelant la musique sœur puisnée de la poësie, et les poëtes et musiciens enfans sacrez des Muses; que, sans la Musique, la poësie estoit presque sans grace, comme la musique sans la mélodie des vers, inanimée et sans vie (1) ».

Et ce n'est pas l'hyperbole un peu monotone de ses hommages à la musique, depuis les premières *Odes* jusqu'aux *Sonnets pour Hélène,* qui pourrait rendre leur sincérité suspecte, car on y sent partout la pulsation de l'amour.

Sans doute, rien ne nous autorise à faire état d'une note publiée dans les éditions posthumes de Ronsard en tête de l'ode sapphique *Belle, dont les yeux doucement m'ont tué,* qui recommande de chanter les vers sapphiques « de voix vive », ou, pour le moins, de les accorder aux instruments, lesquels sont « la vie et l'âme de la poësie (2) ».

Mais quand même ce passage significatif ne serait point de Ronsard; quand même les essais

---

(1) Claude BINET, *Discours de la vie de Pierre de Ronsard,* édition de 1609, citée par P. BLANCHEMAIN, t. VIII, p. 51.

(2) T. II, p. 376. C'est le mot de Torquato TASSO : *La musica è la dolcezza e quasi l'anima della poesia.*

d'adolescence *A son lut, A sa guiterre,* ou ce chef-d'œuvre de sa maturité poétique, l'ode *A sa Lyre,* ou bien encore les dix chansons commandées par lui à Jannequin, Certon, Muret et Goudimel se seraient perdus par l'injure du temps; une longue dissertation en prose, la *Preface sur la musique,* suffirait à nous convaincre que Ronsard demeurait fidèle à sa passion, huit années après l'échec du supplément des *Amours.*

*
* *

Les éditeurs Adrian Le Roy et Robert Ballard ayant publié en 1560 un in-quarto intitulé : *Livre des meslanges contenant six vingt chansons, des plus rares et des plus industrieuses qui se trouvent, soit des autheurs antiques, soit des plus mémorables de notre tems* (1), Ronsard leur

(1) *A Paris, de l'imprimerie d'Adrian le Roy et Robert Ballard, Imprimeurs du Roy, rue Saint-Jean de Beauvais, à l'enseigne Sainte-Geneviève,* 1560. La seconde édition est intitulée : *Mellange de cent quarante huit Chansons tant de vieux autheurs que de modernes, à cinq, six, sept et huit parties avec une préface de P. de Ronsard.* P. Blanchemain, qui a publié le texte de 1572 au tome VII des *Œuvres de Ron-*

donna une préface, dédiée « au Roy «, c'est-à-
dire au jeune François II. Plus tard, à l'époque
de la réimpression de 1572, la même préface, légèrement augmentée, fut adressée à
Charles IX.

Ce morceau est entièrement inspiré de Pytha-
gore et de Platon.

D'après ces philosophes, les rythmes qui nous
délectent, les mélodies et les harmonies les plus
belles ne sont qu'une pâle réminiscence des concerts merveilleux que font, de toute éternité, les
sphères impérissables. On sait que, dans le
système astronomique des anciens, le ciel contient
sept planètes, plus l'orbe des étoiles fixes, et que
les huit sons de notre gamme correspondent aux
vibrations de ces huit globes. La voix la plus
grave, le *mi*, vient de la Lune, entre toutes les
planètes la plus basse; Mercure donne le *fa*;
Vénus, le *sol;* le Soleil, le *la;* Mars, le *si;* Jupiter,
l'*ut;* Saturne, le *ré*, et l'orbe des étoiles, le plus
élevé de tous, rend le *mi* aigu faisant l'octave avec

sard, p. 337-341, ne semble pas avoir connu l'édition origi-
nale de 1560.

le *mi* sombre et caverneux de la Lune. Ces huit sphères, sans cesse entraînées par une révolution plus rapide que la pensée, composent par leurs mouvements une symphonie où les tons aigus et les tons graves se fondent selon une proportion si subtile que l'homme le mieux doué ne serait pas capable de la concevoir. Mais la Terre, inerte au centre du monde, perpétuellement fixée au neuvième et dernier rang, ne recueille rien de leurs accords. Nul d'entre nous ne les perçoit, encore que nos oreilles en soient remplies. Concerts d'autant plus inouïs qu'ils ne peuvent être écoutés. Semblable au Soleil qu'on ne regarde jamais en face, la musique des sphères nous environne et nous échappe...

Quelques mortels honorés des faveurs divines, mais tourmentés d'une nostalgie obscure, aspirent à se frayer un chemin vers cet infini de splendeurs où retentit sans fin le cri sublime des astres. Ils s'y efforcent de la voix et de la lyre. Et tel est l'ascendant du génie que, malgré la décourageante difficulté de leur tâche, ils nous aident à comprendre ce que représente au juste notre musique : une « petite partie de celle qui si armonieusement

(comme dit Platon) agitte tout ce grand uni-
vers (1) ».

Reflet décoloré, sans doute, écho affaibli par
les siècles et la distance. Qu'importe! puisqu'il
remue jusqu'aux entrailles ceux qui n'ont pas le
cœur perverti et l'esprit égaré. Être l'ennemi de la
musique, c'est être, d'après Ronsard, l'ennemi du
genre humain. Il avait déjà exprimé cette idée
dans l'ode *A sa Lyre :*

> Celuy ne vit le bien aimé des dieux
> A qui desplaist ton chant melodieux (2).

Et cette idée, il la développe plus solennellement
encore devant le trône du roi de France :

« Car celuy, Sire, lequel oyant un doux accord
d'instrumens ou la douceur de la voyx naturelle,
ne s'en resjouit point, ne s'en esmeut point, et de
teste en pieds n'en tressault point, comme doucement ravi, et ne scay comment derobé hors de
soy; c'est signe qu'il a l'ame tortue, vicieuse et
depravée, et du quel il se faut donner garde,

(1) *Preface sur la musique*, t. VII, p. 338.
(2) T. II, p. 127.

comme de celuy qui n'est point heureusement né (1) ».

Mais où donc avions-nous lu une malédiction analogue? Presque aussitôt un souvenir se réveille, et, peu à peu, les vers admirables d'une langue qui n'est point la nôtre affleurent d'eux-mêmes à nos lèvres :

The man that hath no music in himself (2)...

Eh oui!... C'est au dernier acte du *Marchand de Venise* que Lorenzo, bouleversé par le voluptueux nocturne des violons et des théorbes, vante à Jessica la toute-puissance des mélodies :

« Celui dont le cœur est sans musique et qui n'est pas touché par le concert des sons harmonieux, celui-là incline aux trahisons, aux stratagèmes, aux rapines. Les démarches de son esprit sont mornes comme la Nuit, et ses affections ténébreuses comme l'Erèbe. Refusez-lui votre confiance ! »

Strophes éloquentes, auxquelles un véritable

(1) *Preface sur la musique*, p. 337.
(2) SHAKESPEARE, *le Marchand de Venise*, acte V, scène I.

ami de la musique ne songera jamais d'un œil sec...

Mais combien cet avertissement, murmuré à voix basse dans la tiédeur parfumée d'un beau soir italien, ressemble, jusqu'en ses termes, à l'anathème jeté par Ronsard ! Shakespeare le connaissait-il?... Ce n'est pas impossible. Dans la seconde moitié du seizième siècle, l'Europe entière raffolait de Ronsard. Marie Stuart relisait en ses prisons d'Angleterre ces volumes où son nom revient sans cesse. Et sa mortelle ennemie, la reine Élisabeth, s'enorgueillissait, elle aussi, des vers que Ronsard lui avait dédiés. Des virtuoses du luth, comme ce Ferabosco chanté par Ronsard, allaient et venaient contiuellement entre les cours de France et d'Angleterre. Peter Philips arrangeait pour le virginal la fameuse chanson mise en musique par Roland de Lassus, *Bonjour mon cœur*. La *Preface* de 1560 ne courait donc pas le risque de passer inaperçue outre-Manche. Sans doute!... Cependant, Shakespeare nous a laissé tant d'autres preuves de son amour pour la musique (ne fût-ce que l'exquis madrigal de *Henry VIII*) (1), que

(1) SHAKESPEARE, *Henry VIII*, acte III, scène I.

ces deux grands poètes peuvent bien s'être rencontrés par hasard dans leur commune animosité contre les ennemis du luth.

Tous deux, Shakespeare et Ronsard, se faisaient une haute idée de l'art musical. Mais personne n'a su plaider comme Ronsard la cause des musiciens auprès des puissants de la terre. Quelle éloquence! quelle chaleur d'argumentation dans sa *Preface sur la musique!* Au risque de dériver vers ses confrères musiciens le maigre flot des libéralités royales, c'est pour eux seuls que Ronsard intercède auprès de François II et de Charles IX.

Et voici de quelle manière il plaide leur cause :

Puisque les voix des instruments et des chanteurs ont le privilège de raviver en nous l'image de notre ancienne patrie céleste; puisque, en nous rendant attentifs à l'ineffable harmonie des sphères, ces voix nous élèvent au-dessus de notre humble condition; puisque enfin elles sont le délassement et le délice de nos rois, ceux-ci, à leur tour, ont le devoir de ne point refuser leur protection à ces rares et merveilleux artistes qui sont parmi nous les authentiques messagers des Dieux.

Ronsard va plus loin. Un maître en l'art des sons étant un phénomène miraculeux comme Pégase ou le Phénix, le Sphinx ou la Chimère, ce prodige a plus de droits que quiconque à la sollicitude du monarque :

« Et pour ce, Sire, quand il se manifeste quelque excellent ouvrier en cet art, vous le devez soigneusement garder, comme chose d'autant excellente que rarement elle apparoist (1) ».

Ensuite, comme pour montrer au Roi quels sont les musiciens vraiment dignes de ses grâces, Ronsard lui énumère les principaux compositeurs des cent cinquante dernières années : d'abord, Josquin de Prés, puis ses disciples, Mouton, Vuillard, Richaffort, Jannequin, Maillard, Claudin, Moulu, Jaquet, Certon, Arcadet...

Que Goudimel, assez mal en cour depuis ses liaisons avec les huguenots, et à plus forte raison Muret, toujours sous le coup d'une sentence capitale et réfugié en Italie, aient été exclus de cette nomenclature, rien de plus naturel. Mais pourquoi donc, en l'année 1572, n'a-t-il point nommé des

____

(1) *Preface sur la musique*, t. VII, p. 340.

compositeurs récents comme Philippe de Monte
et Costeley? Ronsard n'était-il pas encore suffi-
samment familiarisé avec leurs œuvres? Ou bien,
et cet argument serait alors d'un grand poids, ne
lui semblaient-ils pas appartenir à la postérité
légitime de Josquin de Près?... La question demeure obscure...

Quoi qu'il en soit, le seul musicien des temps
nouveaux dont il exalte le génie est Roland de
Lassus. Le « plus que divin Orlande » était venu
à Paris en 1571. Reçu avec des honneurs excep-
tionnels, il était hébergé chez l'éditeur Adrian le
Roy et présenté à Charles IX, qui essayait vaine-
ment de le retenir à la cour. Pour celui-là, certes,
aucune louange ne lui paraît trop forte. Non seulement Roland de Lassus a cueilli, comme une
mouche à miel, « toutes les plus belles fleurs des
antiens », mais Ronsard le félicite d'avoir « seul
desrobé l'harmonie des cieux pour en resjouir la
terre, surpassant les antiens, et se faisant la seule
merveille de notre temps (1). »

L'atmosphère platonicienne qui l'imprègne, les

(1) *Preface sur la musique.*

curieux jugements qui s'y trouvent, voilà le charme et l'intérêt de la *Preface sur la musique*. Aussi ce document, fort négligé jusqu'à la fin du dix-neuvième siècle, est-il aujourd'hui étudié avec minutie et très largement exploité, non seulement par les spécialistes de la Renaissance musicale, mais encore par tous ceux qui veulent approfondir les théories esthétiques de Ronsard.

*
* *

Une autre dissertation en prose de Ronsard, rédigée vers la même époque, mérite également un coup d'œil. Dans cet *Abbregé de l'Art poëtique françois* qui parut en 1565, Ronsard, à quarante ans passés, continue de défendre les principes qui lui sont chers. Comme dans la préface qu'il mettait en 1550 au devant de la première impression des *Odes*, il se préoccupe de réconcilier la poésie et la musique. Le ton seul a légèrement changé. Moins batailleur, assagi par l'âge, il s'efforce de séduire et de persuader. Quant au reste, les tendances sont identiques.

Ayant à instruire les poètes apprentis, Ronsard

se hâte d'aborder le sujet qui lui tient au cœur. Et son émotion se révèle, dès qu'il aborde cette grande affaire à laquelle il a travaillé pendant toute sa vie : le rapprochement des Muses. D'où vient, par exemple, demande-t-il, la douceur des vers lyriques? C'est qu'ils sont « propres à la Musique et accord des instrumens, en faveur desquels il semble que la Poësie soit née; car la Poësie sans les instrumens, ou sans la grace d'une seule ou plusieurs voix, n'est nullement aggreable, non plus que les instrumens sans estre animez de la mélodie d'une plaisante voix (1) ».

Ces paroles corroborent énergiquement le témoignage de Claude Binet, cité au début de ce chapitre. Néanmoins, comme si ce n'était pas assez, Ronsard revient avec insistance sur le caractère particulier de ces vers, « merveilleusement propres pour la Musique, la Lyre et autres instrumens », dont il faut choisir et surveiller la cadence avec un soin méticuleux. « Tu ne leur feras point de tort, tantost les allongeant, tantost les accourcissant, et après un grand vers un petit, ou deux

____

(1) *Abbregé de l'Art poëtique françois*, t. VII, p. 320.

petits, au choix de ton aureille, gardant toujours le plus que tu pourras une bonne cadence de vers (comme je t'ay dit auparavant) pour la musique et autres instrumens (1). »

La fréquente répétition de ces conseils, indice d'une sollicitude inquiète, est peut-être le trait le plus remarquable de l'*Abbregé de l'Art poëtique.*

*
* *

Nulle part, les préceptes de Ronsard ne pouvaient trouver une application plus complète qu'à la cour des Valois, pendant les cérémonies solennelles qui s'y accomplissaient pour célébrer une circonstance heureuse ou tout au moins importante. La coutume en remontait jusqu'au Moyen âge. Lille avait bien vu, le 9 février 1454, à cette ripaille magnifique et monstrueuse par laquelle le duc de Bourgogne, Philippe le Bon, prétendait glorifier le vœu du Faisan, un pâté gigantesque dans lequel vingt-six personnages vifs jouaient, chacun à tour de rôle, de divers instruments. Les

(1) *Abbregé de l'Art poëtique françois,* t. VII, p. 332.

riches festins entremêlaient ainsi leurs services de spectacles et de machines aussi bien que d'airs de danse, d'intermèdes récités ou chantés. François Ier et Henri II ne faillirent point à cette tradition. Encore moins leurs successeurs, les trois fils de Catherine de Médicis. N'était-ce pas leur mère, l'Italienne, qui avait importé d'au delà les Alpes la mode des chorégraphies allégoriques et décoratives? N'entretenait-elle pas en France, de ses deniers, des Florentins, des Vénitiens qui enseignaient aux courtisans à exécuter en cadence les évolutions les plus exquises?

Il fallait un orchestre à ces divertissements, mais aussi un poète. Ronsard, qui ne dédaignait pas plus que Saint-Gelais les poésies de circonstance, consentit maintes fois à en écrire, par souci de ménager ses patrons autant que par goût naturel. Car il admirait passionnément la savante et souple ordonnance de ces bals où les plus séduisantes beautés de la cour se montraient déguisées en sirènes, en naïades, en dryades, sous l'habit des Grâces ou de la Renommée, avec le chapeau de jonquilles et de roses de Flore, ou bien avec le casque de bronze de Bellone, et leurs ajustements toujours semés de tant de fleurs qu'elles semblaient porter sur elles les plus beaux parterres du mois de juin. Quand il les voyait, rayonnantes comme les déesses, mais d'un abord plus facile, abandonner l'Olympe sur un nuage d'ambroisie, surgir d'un lac enchanté, descendre légèrement d'un char incrusté de pierres précieuses et d'émaux, il se persuadait que les Muses, elles aussi, devaient être de la fête.

Il s'acquittait donc d'un office bien agréable en rédigeant des impromptus comme cette prophétie des deux Sirènes, qui fit merveille en 1563 au canal de Fontainebleau. L'année suivante, à l'occasion de l'entrée de Charles IX dans Bar-le-Duc, il glorifiait les vertus du monarque par la bouche de Jupiter conversant avec les Quatre Éléments et les Quatre Planètes. Et pourtant, ces cartels, ces mascarades, généralement imprimés d'avance et distribués à l'auditoire, ne représentaient à ses yeux que des bagatelles. Les chansons monodiques à l'italienne qu'on lui commandait en 1565 pour les entr'actes d'une comédie jouée à Fontainebleau excitaient tout autrement sa verve.

Si l'intermède du *Trophée d'Amour* réussissait

mieux que le supplément de 1553 à joindre la poésie et la musique, la joie de Ronsard était encore plus vive quand on lui permettait de rassembler en sa *Première Eglogue* les ducs d'Orléans, d'Anjou et de Guise, le roi de Navarre et Madame Marguerite de France sous les noms pastoraux de cinq joueurs de lyre !... (1) Des alexandrins majestueux, probablement soutenus par des accords de luth et psalmodiés à l'antique, « en style récitatif », alternaient alors avec les couplets que chantaient en chœur des bergers et des bergères. Ces idylles, dialoguées à la manière de Théocrite, contenaient déjà la substance d'un ballet. Un an après, une fille de France, la reine Élisabeth d'Espagne, venant se rencontrer à Bayonne avec sa mère Catherine de Médicis et son frère Charles IX, Ronsard rehaussait la splendeur du gala par ses *Stances à chanter sur la lyre*. Quatre jours avant la Saint-Barthélemy, le 20 août 1572, il collaborait encore au *Paradis d'Amour*, mascarade dramatique donnée à Paris pour le mariage de Henri

(1) Cf. le très intéressant article de M. Henry PRUNIÈRES, « Ronsard et les fêtes de Cour » , dans la *Revue musicale* du 1er mai 1924.

de Navarre et de Marguerite de Valois. Et ce ne fut point là sa suprême contribution, puisqu'en septembre 1581 le roi Henri III paya deux mille écus à Ronsard et à Baïf « pour la belle musique par eux ordonnée et chantée (1) » aux noces du duc de Joyeuse.

Mais ces réjouissances ne survivront guère au dernier des Valois. Déjà tout annonce une autre saison. Le ballet de cour remplace les mascarades et les églogues. L'opéra se détache de la pastorale, et bientôt ses créateurs, « les plus doux cygnes de la musique italienne », concerteront leurs chants à Florence, dans le palais du grand-duc Ferdinand de Toscane. La résurrection du drame hellénique s'accomplira prochainement, mais hors de France, loin de Ronsard et des polyphonies qui lui sont chères, en sorte que le poète n'en connaîtra point les splendeurs.

A défaut de cette révélation, qui, peut-être, l'eût étonné plutôt que charmé, Ronsard a profon-

____

(1) *Pierre de l'Estoile*, collection Michaud et Poujoulat, Paris, 1837, première partie, p. 137. Voir aussi pour les noces d'Anne, duc de Joyeuse, la mascarade, *Œuvres de Ronsard*, t. IV, p. 170, et l'épithalame, t. IV, p. 211-213.

dément goûté les assemblées plénières que les
Muses tenaient parfois à la cour de ses rois. Il
l'avouait à Hélène de Surgères :

> Le soir qu'Amour vous fit en la salle descendre
> Pour danser d'artifice un beau ballet d'amour...
> Le ballet fut divin qui se souloit reprendre,
> Se rompre, se refaire, et, tour dessus retour,
> Se mesler, s'escarter, se tourner à l'entour,
> Contr'imitant le cours du fleuve de Méandre (1)...

A mesure qu'il vieillissait, son instinct le rap-
prochait de ces jeux, de ces élégants badinages, de
cette gaieté alerte dont il aimait le coup de fouet
et les grelots. A contempler ces pas d'armes, ces
défilés, ces cortèges de parade suivis d'illumina-
tions féeriques où l'on tirait des corps de feu
composés de plusieurs milliers de fusées volantes
et de bombes qui retombaient ensuite en un
déluge d'étoiles d'or, laissant voir au milieu de
leurs éclatements le temple de l'Hymen ou le
château de la Félicité, tandis que des cataractes
de vif-argent s'écroulaient sur des collines de
topaze, il applaudissait ses contemporains d'avoir

(1) *Sonnets à Hélène.*

enfin réuni pour la parfaite délectation des yeux, des oreilles et de l'esprit, les Muses exilées du Parnasse.

En 1567, il adressait à Catherine de Médicis des vers qui témoignent de son goût pour ces divertissements :

> Quand voirrons-nous par tout Fontainebleau
> De chambre en chambre aller les mascarades?
> Quand voirrons-nous au matin les aubades
> De divers luths mariez à la vois,
> Et les cornets, les fifres, les haubois,
> Les tambourins, violons, espinettes
> Sonner ensemble avecque les trompettes?
> Quand voirrons-nous comme balles voler
> Par artifice un grand feu dedans l'air (1)?...

Hélas! ces pompes grandioses ou charmantes s'évanouissaient avec la lumière des flambeaux et des lanternes. Il fallait donc un organe de direction pour lier et contenir fermement ce que l'ignorance n'incline que trop à disjoindre. Justement, en cette même année 1567, alors que Ron-

(1) *Le Bocage royal*, t. III, p. 310.

sard soupirait après les fêtes de Fontainebleau, son vieil ami Jean-Antoine de Baïf s'apprêtait à fonder une académie à l'exemple des anciens.

Entreprise laborieuse! La nouvelle institution avait contre elle le Parlement et l'Université de Paris. Charles IX finit par user de son autorité royale en novembre 1570, et puis encore en mai 1571, pour permettre à Baïf et au musicien Joachim Thibault de Courville *d'ouvrir leur Académie de musique et de poësie.*

Aux termes des lettres patentes, celle-ci comprenait des compositeurs et de simples auditeurs, des chantres et des joueurs d'instruments de musique. Pépinière de musiciens et de poètes, où le souverain se réservait d'aller choisir quelque jour des artistes « instruits et dressez pour nous donner plaisir ». Tout en travaillant à l'avancement du langage français, les académiciens devaient rétablir « tant la façon de la Poësie que la mesure et reglement de la musique anciennement usitée par les Grecs et les Romains (1) ». D'où la

----

(1) Lettres patentes de novembre 1570, citées par M. AUGÉ-CHIQUET, *la Vie, les idées et l'œuvre de Jean-Antoine de Baïf*, p. 399-400.

décision de sceller ostensiblement l'alliance de la musique et de la poésie par des concerts publics qu'on donnerait tous les dimanches, pendant deux heures d'horloge.

Certes, Ronsard ne partageait pas les illusions de Baïf sur la réforme de la prosodie. Les fantaisies un peu baroques de son ami l'effarouchaient. Mais le glorieux auteur des *Odes* et des *Amours*, le signataire de la *Preface sur la musique*, pouvait-il se tenir à l'écart d'une compagnie chargée de fixer les rapports des musiciens et des poètes? C'était impossible. D'autre part, Ronsard souhaitait vivement que les Muses, trop souvent errantes et besogneuses, eussent enfin un logis à elles. Il le demandait instamment à Henri III :

> Prince, qui nous servez de phare et de flambeau,
> Ne laissez point errer sans logis ce troupeau,
> Troupeau de sang illustre et d'ancienne race,
> Pauvre, mais de bon cœur, digne de votre grâce (1).

Donc, Ronsard accepta d'être le collègue de Baïf, Dorat, Belleau et Desportes. Il l'accepta

____

(1) *Le Bocage royal*, t. III, p. 310.

même par deux fois. En effet, quand l'*Académie de musique et de poësie,* reconstituée après la mort de Charles IX sous le nom d'*Académie de Palais,* se réunit au Louvre dans le propre cabinet du roi, Ronsard se montra assidu aux séances et n'essaya même pas de se soustraire aux exercices d'érudition que le subtil et pédantesque Henri III imposait à ses hôtes.

Il rencontrait en cette académie des musiciens de valeur. Les uns nous ont laissé une œuvre; les autres, un simple nom. Et comme Baïf les exploitait impitoyablement pour ses vers mesurés, la conversation roulait souvent sur l'union de la mélodie et du langage. Sans entretenir avec ces compositeurs un commerce aussi intime que Baïf, Ronsard s'informait volontiers de leur art. La première académie l'avait mis en rapports avec le Toulousain Jacques du Faur, Thibault de Courville, Eustache du Caurroy, maître de musique de la Chambre, et le déjà célèbre Claude Le Jeune. A l'Académie du Palais, il faisait connaissance d'un adolescent de bonne mine et de manières agréables, modeste, poli, respectueux, qui s'attirait la considération générale par son habileté sur le luth, dont il jouait comme un ange. Jacques Mauduit, ainsi s'appelait ce jeune homme, possédait une telle abondance d'idées qu'il pouvait mettre en musique cent cinquante psaumes français de Baïf et autant de psaumes latins. Ronsard ne se lassait point de l'écouter. Il se récriait aux bons endroits, et nous savons par Claude Binet en quelle estime il tenait la musique du « sieur Mauduit » (1).

*
* *

Aussi bien Ronsard n'avait jamais été économe de louanges envers les exécutants et compositeurs qui fréquentaient à la Cour.

Comme Marot, comme Saint-Gelais, comme Bonaventure des Périers, comme Dorat et comme Baïf, il a célébré en sa jeunesse l'incomparable Alberto Ripano de Mantoue, qui, sous le masque français d'Albert de Ripe, seigneur de Carois, fut le joueur de luth préféré de François Ier et de

(1) *Discours de la vie de Pierre de Ronsard*, par Claude BINET, édition de 1609, cf. BLANCHEMAIN, t. VIII.

Henri II. Ronsard voulut écrire l'épitaphe de celui qui avait enchanté les rois par ses *fantaisies* et ses *ricercates* :

Or toy, quiconque sois, jette-luy mille branches
De laurier sur sa tombe, et mille roses franches (1).

Il ne fut pas moins généreux pour un autre Italien, Ferabosco, le plus bel ornement des concerts du cardinal de Lorraine, qu'il a élevé jusqu'aux nues :

Mon Dieu! que de douceur, que d'aise et de plaisir
L'âme reçoit alors qu'elle se sent saisir
Et du geste et du son et de la voix ensemble
Que ton Ferabosco sur trois lyres assemble,
Quand les trois Apollons, chantant divinement,
Et mariant la lyre à la voix doucement,
Tout d'un coup de la voix et de la main agile
Refont mourir Didon par les vers de Virgile (2)!

Au reste, bien loin de céder à un engouement aveugle en faveur des virtuoses étrangers, Ronsard a dédié un sonnet enthousiaste au luthiste

(1) T. VII, p. 247-249.
(2) T. V, p. 96. Il s'agit probablement d'Alfonso (1) Ferabosco.

7

français Guillaume Le Boulanger, sieur de Vau-
mény (1) :

> Quand tu nasquis, Vaumeny, tous les cieux
> Mirent en toy toute leur harmonie
> Et dans ton luth leur douceur infinie
> Qui peut charmer les hommes et les dieux.
>
> Oyant ton chant sur tous melodieux,
> Je vy, je meurs, je suis plein de manie,
> Et tellement ton accord me manie
> Que je deviens et sage et furieux (2).

En réalité, tout ce qui chante est près du cœur
de Ronsard. Avec la même naïveté, il admire les
roulades et les trilles des oiseaux. Veut-il exalter
Albert de Ripe ou Ferabosco, il en parlera comme
de l'alouette ou de l'hirondelle. Musiques de
l'homme, musiques de la nature, les unes et les
autres lui sont chères. Michelet lui-même n'a pas
aimé plus tendrement les gentils magiciens,
« messagers fideles du printemps », qui animent

(1) Ou « de Vaumesnil ».
(2) T. V, p. 341. Mais les poètes sont d'humeur chan-
geante. Dans l'édition de 1578, le même sonnet est dédié à
un autre luthiste, d'origine écossaise, Jacques d'Edinthon,
dont le nom trisyllabique remplace facilement celui de Vau-
mény :

> Quand tu nasquis, Edinthon, tous les cieux...

nos bois « de cent sortes de ramages » : la huppe,
le coucou, le merveilleux rossignol, et la tourte-
relle dont le roucoulement fait à travers les
branches un bruit langoureux de soupirs et de
pleurs :

> Tu oyras, dans le bois sauvage,
> La veuve tourtre, en son ramage,
> Se lamenter dessus un tronc (1)...

Et puis aussi, les ruisseaux, les sources qui
gazouillent comme des nids à l'aurore, le bourdonnement des abeilles, les feuillages subitement
traversés de frissons mystérieux, les vents que les
saisons rendent tour à tour âpres ou caressants,
les rumeurs innombrables des prairies et des
forêts, tout ce que l'on entend vibrer, sourdre,
murmurer, bruire, enfin tout ce qui possède une
voix tient une place importante dans la poésie de
Ronsard. Chez lui, la prédominance des impressions sonores est si forte qu'on pourrait le citer
aujourd'hui comme le type d'un grand « auditif ».
Ce n'est donc pas en amateur de concepts qu'il ima-
ginera l'entretien des Muses : il l'entendra comme
s'il y était, et Dieu sait avec quelle jubilation !...

(1) T. II, p. 447.

* *

Un amour aussi intense de la musique ne pouvait guère exclure ce qui la recèle et l'exprime. Ronsard connaît tous les instruments de musique, anciens ou modernes, et leurs noms, quand il les prononce, le comblent de plaisir. La lyre d'Alcée, le cystre ou le rebec de Sappho le font rêver. Que ne peut-il les toucher du doigt!... A vrai dire, les orchestres de la Renaissance l'intéressent au même degré. Violons et violes, mandores théorbes et citoles, hautbois, bassons, cornets et cromornes, trompettes et « trombons », fifres et clarions, tambourins et timbales, vielles, cornemuses, harpes, psaltérions, clavecins, épinettes et orgues, ces divers engins composent pour lui une ample et ravissante symphonie. Sa guitare lui est chère, car elle porte sur son fût, parmi des scènes et des attributs mythologiques, les chiffres mille fois entrelacés de Ronsard et de Cassandre. Mais, qu'est-ce qui pourrait valoir à ses yeux le luth, prince des instruments, héritier de la lyre antique?...

Longtemps avant Ronsard, les troubadours du Moyen âge ont cru apercevoir un luth entre les mains des Muses. Aux enluminures de nos vieux manuscrits, Terpsichore l'effleure d'un plectre, tandis qu'Euterpe, Erato et Calliope, plus recueillies, méditent sa cantilène. Ronsard, au moment de psalmodier ses vers, demandera donc à son page, indifféremment, une lyre ou bien un luth.

Au point de vue plastique, tel luth signé d'un maître en renom comme Gaspard Duiffoprugcar, est un pur chef-d'œuvre. Rien qui fasse mieux ressortir un poignet délicat et des doigts effilés. Le luth se prête aux attitudes majestueuses comme aux poses familières. Et puisque l'élégant nonchaloir de son cheviller renversé, l'ovale impeccable de ses lignes, son dos à la courbe voluptueuse flattent également la coquetterie des hommes et des femmes, les peintres en ont fait l'accessoire favori et presque obligé de leurs portraits.

Mais que dire de son timbre voilé, de sa sonorité discrète, qui semble la voix même des longs crépuscules d'été? Un bel air de luth a la douceur d'une confidence, le pathétique d'un pressentiment. Si, dans les orchestres de ballets, où le bruit compte moins par la qualité que par la quantité, on lui préfère, en général, les cors et les cromornes, Ronsard s'en félicite, trop heureux que le luth demeure le régal des raffinés. C'est à eux seuls, en effet, que le luth réserve ses inflexions câlines, ses accords aux prolongements indéfinis, le nimbe harmonieux dont il environne la parole. Au demeurant, les connaisseurs savent bien que sa lumière tempérée n'exclut nullement les jeux de rayons et d'ombres : ses cordes redoublées, ou *chœurs*, ont une vibration chaleureuse, et le bourdon oppose très heureusement sa gravité un peu sombre aux gaietés ingénues de la chanterelle.

Quoique le répertoire du luth ne cesse de s'enrichir au seizième siècle, ajoutant aux fantaisies originales, aux *ricercate*, aux airs à danser, force transcriptions de chansons ou de motets polyphoniques, le luth, instrument aristocratique par excellence, ne tombe jamais, comme la viole ou la guitare, aux mains du populaire. Son extrême difficulté le préserve de cette disgrâce. Les profanes sont découragés non seulement par sa technique, hérissée de chausse-trapes, mais encore par une notation spéciale qu'on appelle la tablature. Ce n'est pas en quelques heures qu'on débrouille les chiffres par lesquels les luthistes indiquent, au lieu des sons à produire, le moyen de les obtenir sur le manche de leur instrument. Aussi « donner de la tablature » est-il devenu très vite le synonyme de l'embarras qu'on peut donner à quelqu'un. Pour comble d'ennui, cet étrange système de notation varie selon les pays. La France, l'Italie et l'Allemagne tiennent chacune pour une tablature différente. De là, le peu d'inclination que le luth inspire aux paresseux et aux rustauds.

Comme si ces inconvénients étaient autant de vertus, Ronsard, esclave du luth dès sa première enfance, lui demeure fidèle jusqu'au terme de sa vie. Dans le même temps qu'il célèbre, avec une versatilité naïve, Cassandre, Marie, Sinope, Genèvre, Isabeau de la Tour, Hélène de Surgères, pour ne rien dire de Rose, de Macée, de Jeanne, de Marguerite et de tant d'autres maîtresses d'un seul jour ou plutôt d'une petite heure, ce poète, si volage en ses amours terrestres, ne se lasse point de chérir son luth. La première pièce qu'il compose a pour titre : *A son lut.* Et dans le premier poème qu'il soumet au public, l'ode à Jacques Peletier *Sur les beautez qu'il voudroit en s'Amie,* sa dame nous apparaît déjà tenant un luth entre les mains :

> La main lascive, ou qu'elle embrasse
> L'amy en son giron couché,
> Ou que son Luc en soit touché,
> Et une voix qui mesme son Luc passe...

Le luth a donc fini par symboliser, aux yeux de Ronsard, la musique tout entière, enjouée ou solennelle, folâtre ou mélancolique. Il ne peut se passer d'un luth pour ses odes triomphales :

> Vien à moy, mon luth, que j'accorde
> Une ode pour la fredonner
> Dessus la mieux parlante corde
> Que Phœbus t'ait voulu donner (1).

Mais il le réclame aussi bien pour se divertir

____

(1) T. II, p. 137.

et s'ébattre à son aise avec Jeanne, sa bonne
amie :

> Fay venir Jeanne, qu'elle apporte
> Son luth pour dire une chanson :
> Nous ballerons tous trois au son (1).

Et c'est le luth qu'il nomme enfin, en cette
épitaphe posthume que ses amis trouveront un
jour dans ses papiers :

> Ronsard repose icy, qui, hardi des enfance,
> Detourna d'Helicon les muses en la France,
> Suivant le son du luth et les traits d'Apollon.

En souvenir d'une passion si pure, si fervente
et si haute, les musiciens ont conservé un culte
pour la mémoire de Ronsard. C'est de toute son
âme que Jacques Mauduit avait écrit, en 1586, le
Requiem à cinq voix qui fut exécuté deux mois
après la mort du poète. Et de nos jours encore,
quatre cents ans après la naissance de Ronsard,
les musiciens tiennent à lui renouveler le témoi-

(1) T. II, p. 110.

gnage d'une gratitude que les siècles n'effaceront
pas. D'accord avec quelques écrivains, ils viennent
de lui consacrer un de ces hommages funéraires
que les contemporains de Ronsard appelaient
jadis des *Tombeaux* (1). Devant ce gracieux cata-
falque, on a vu s'incliner pieusement, tour à tour,
MM. Maurice Ravel et Albert Roussel, ainsi que
des artistes plus jeunes, MM. André Caplet, Arthur
Honneger, Louis Aubert, Maurice Delage, Roland
Manuel. Enfin, M. Paul Dukas, lui-même, inter-
rompant sa méditation taciturne, a bien voulu
improviser un air de sarabande, courtois et noble-
ment mélancolique, sur un sonnet des *Amours* où
Ronsard s'est ressouvenu du *Roman de la Rose*.

Qu'importe, en effet, si l'offrande de Ronsard
n'a pas été agréée, en son temps, par toutes les
Muses à la fois! Qu'importe si Ronsard n'a pas
réussi à supprimer les barricades mystérieuses qui
séparent, peut-être à jamais, le langage articulé de
la mélodie, de l'harmonie et du rythme! Parmi
les poètes français, Ronsard n'en a pas moins la

(1) Cf *le Tombeau de Ronsard*, supplément de la *Revue
musicale* du 1ᵉʳ mai 1924.

gloire d'avoir été le premier à pressentir la majesté de la musique. Et peut-être son œuvre, n'aurait-elle pas aujourd'hui cette douceur mélodieuse ni ce charme étonnant de jeunesse, si les parties les plus précieuses n'en avaient été placées, dès l'origine, et pour toujours, sous le vocable du luth?

FIN

TABLE DES MATIÈRES

Cet ouvrage a été achevé d'imprimer par

Plon-Nourrit et Cie,

à Paris, le 5 mars 1925.

PARIS

TYPOGRAPHIE PLON-NOURRIT ET Cⁱᵉ

8, rue Garancière

———